ピノチェト将軍の信じがたく終わりなき裁判

もうひとつの9・11を凝視する

アリエル・ドルフマン
宮下嶺夫 訳

現代企画室

目次

凡例

・☆は原注を示す。原注は当該箇所のある見開き左端に記載した。
・★は訳注を示す。訳注は巻末にまとめて記載した。
・〔 〕内の小さな文字は訳者による注記である。
・巻末の参考文献は原書にあるものを訳出したものである。

献辞

チリ、サンティアゴのセメンテリオ・ヘネラル〔総合墓地〕の一角に、大きな横長の御影石でできた記念碑がある。この国に民主主義が戻って数年後の一九九四年二月に建てられた「記憶の壁」である。多くの——四千以上の——名前がその表面に刻まれている。すべては一九七三年九月十一日から一九九〇年三月十一日まで続いたアウグスト・ピノチェト将軍の独裁体制下で軍・警察による弾圧の犠牲となった人々の名である。このうちの一〇〇二名の男女の名前のあとには死亡の日付が彫られていない。これらの人々は「デサパレシードス」、行方不明者である。遺族はまだこの人々を埋葬できないでいる。また、壁の表面は全部文字でふさがれてはいない。彫刻家と設計者たちは壁の片側の広い部分を空白のままに残した。新しい犠牲者の名を刻みこむためにこのスペースが必要になると思ったのだ。事実、ようやく報復を恐れなくなった現在、ゆっくりと、ためらいながら、名乗り出て、自分の愛する者たちの処刑や行方不明を報告する人々がいる。しかし、数年前わたしがチリ南端の山間部にあるマプーチェ〔先住民〕の村を訪ねたときには、老人たちは、独裁時代に虐殺された人々の多くについて報告する気はないと言っていた。いつの日か軍人が帰ってきて仕返しするのではないかと恐れているのだった。恐怖と忘却の靄がたれこめる中で、「記憶の壁」にすべての犠牲者の名が記されることは決してないのだろう。

この本は五人の友人に捧げられている。いずれもあのサンティアゴの壁に名を刻まれた人々である。

フレディ・タベルナ。[★1] 彼は一九七三年十月三十日ピサグアで軍の銃殺隊によって処刑された。遺体は家族の元に戻らず、まだ埋葬されていない。

ディアナ・アロン。彼女は一九七四年十一月十八日チリ秘密警察によって銃撃されて負傷しヌニョアにある拷問施設ビジャ・グリマルディに運ばれた。遺体はまだ取り戻されていない。

フェルナンド・オルティス。一九七六年十二月十五日サンティアゴのエガーニャ広場で多くの人々の見ているなか数名のチリ秘密警察部員によって逮捕された。当局は彼を拘束していることを否認した。二〇〇一年軍部の解禁した情報によって、遺体がチリ中央部、クエスタ・バリーガという名の荒涼たる山地のどこかに埋められているらしいことがわかった。不正確な手がかりに翻弄されつつ困難な発掘作業を続けること数ヵ月、ようやく遺骨が発見され、DNA鑑定の結果、フェルナンド・オルティスのものであることが確認された。

ロドリゴ・ロハス・デネグリ。彼は一九八六年七月二日兵士たちによって生きながら焼かれサンティアゴの街はずれに運ばれて排水溝の中に放置された。四日後この傷がもとで、サンティアゴの病院で死んだ。十九歳だった。

そしてクラウディオ・ヒメノ[★2]。一九七三年九月十一日サンティアゴのラ・モネダ大統領宮殿で逮捕された。ほぼ三十年間行方不明だったが、その後、サンティアゴからのニュースで次のことが明らかになった。クーデターの翌日、彼の遺体はサルバドル・アジェンデ大統領の他の顧問たちの遺体とともにダイナマイトによって爆砕された。誰にも遺体を発見させないためであり、遺体に残る拷問の証拠を湮滅するためである。ある予審判事が行なったさる軍事基地での発掘の結果、遺骨の破片が発見され、クラウディオのものと判明、彼はようやく埋葬されることになった。

しかし、この献辞は、あの「記憶の壁」と同様、そしてこの本と同様、真の意味で完成することは、決してない。なぜなら、あのチリの壁には、一九七三年クーデターのあと、仕事を、家を、健康保険を、年金を失った、推定百万以上の人々は含まれていない。また、毎晩毎晩、パトロール隊によって検挙され殴打されサッカー場に連行されて、妻や子どもたちが無理やり見させられているその前で、煌々たるスポットライトを浴びながら不動の姿勢をとらされ裸にされたポブラシオン〔低所得者層居住地区〕の男たちは含まれていない。さらに、あの壁の名前には、およそ百万——軍事クーデター発生時のチリ人口の十分の一に近い数——の亡命者や移住者は含まれていない。

そして壁は、もちろん、ある人が、公開する場合は自分の名を伏せることを条件に、何年も前に語ってくれた、次のような記憶を含んではいない。

「わたしは躓きながらあの地下室に連れて行かれた。目にべったりとテープが貼られてまるで第二の皮膚のようだった。衣服を引き裂こうとして、男たちの手がわたしを引っ掻いた。このくそ野郎、覚悟しろよ、きさまみたいなろくでなしはこうしてやる……。爪は汚かった。この汚らしい爪から伝染病をもらうのではないかと心配だった。考えてみればおかしな話だ。わたしはその前の二週間ろくに食事もあたえられず、排便もままならず、不潔そのもの。最悪の下水道よりもひどいにおいを放っていたに違いない。しかし、それにもかかわらず、その爪のことが気になってならなかった。あの汚い爪のせいで何かの病気になるのではないかと心配だった。そのあと彼らはわたしを簡易ベッドに縛り付けた。一方の手、続いてもう一方の手。別の誰かが、わたしの脚を押し広げ、両方のくるぶしをくくりつける。真上に電球がギラギラ光っているらしい。そのうちに彼らは何かを取り付けた。──ワイヤなのか留め金なのか?──ともかくそれをわたしの性器に取り付けた。それから、同じ声が言った。こいつを踊らせるんだ、歌わせるんだ、一発かましてやるんだ。そして、彼らはわたしを踊らせた。わたしを歌わせた」

そう、あの壁には、拷問にかけられ生き永らえた数万の人々は含まれていない。彼らの記憶は含まれていない。

プロローグ

一九七三年クーデターの際、あまりにも多数の政治的囚人をかかえこんだチリの新しい軍事支配者たちは、天来の妙案ともいうべきものを思いついた。国立スタジアム——チリ最大のスポーツ・アリーナ——を巨大な強制収容所に変えたのである。何ヵ月かが経ち、反対派数千人が逮捕され拷問され、数百人が尋問され処刑されたあとで、当局は、フロアを清掃しベンチを塗りかえて、スタジアムをふたたび市民に公開した。レフェリーはふたたびホイッスルを吹き、ボールはふたたびフィールドを疾走した。……徐々にサッカー・ファンが戻ってきた。

クーデターの十年後、ようやく亡命生活を終えてチリに帰れるようになったとき[★3]、わたしはいくつかの決意をした。その一つがこのスタジアムを訪れないことだった。続く七年間、時々はチリに住み、時々はチリを訪れるという生活だったが、わたしはその誓いを守った。そこに——かつての民主主義時代、そこで非常に多くのスポーツイベントを観戦したあのスタジアムに——わたしが戻ったのは、民主主義がチリに戻って以後のことである。わたしが痛切に必要としていたのは、スタジアムを再生させようとするある種の行為を自分の目で見ることだった。普通のサッカー場と変わらぬ、その外見を忌まわしいものとして拒絶し、いまだそこにこだましている恐るべき痛苦と向き合うような行為を見たかった。そして一九九〇年三月十二日、ピノチェトが大統領職をパトリシオ・エイルウィンに譲った翌日、チリの民衆は悪魔祓いの儀式を行なった。荘厳なアンデス山脈を背景に、七万の支持者がスタジアムに集まり、新しい民主主義の大統領の言葉に聞き入った。これは彼と、新生チリの民衆との最初の公的対面であった。エイルウィンはわれわれを失望させなかった。演説の中で彼は、いまわれわれがいるこのスタンドでこのフィールドで起こった恐るべき出来事に言及し、「ヌンカ・マス」、二度と繰り返さない、と誓った。しかし、スタジアムから、そこにとり憑いた悪霊を追い祓う上で彼の言葉よりもはるかに重要な役割を果たしたのは、演説に先立って行なわれた全員参加の哀悼行事だった。

七万人の男女が突然沈黙して、緑のフィールドの上でただひとり、ピアニストが演奏しはじめた曲に耳を傾けた。ビクトル・ハラ――クーデターの数日後に軍部によって殺された高名なプロテスト・シンガー――の作ったある歌の変奏曲だった。メロディーが消えていくと、今度は女たちが現われた。黒いスカートに白いブラウス。自分たちの「デサパレシードス」の写真の貼られたプラカードを掲げている。やがてその中の一人――行方不明者の妻なのか娘なのか母親なのか？――が、チリの民俗舞踊クエカを踊り始めた。本来二人で踊るはずの舞踊を一人で踊る。そのことで、彼女の巨大な孤独のすべてを表現している。つかのま、水を打ったような静寂。それから、人々が、ゆっくりと、ためらいながら、音楽に合わせて、手を打ち鳴らし始めた。荒々しいが同時に優しさのこもった手拍子だった。それは、近くで見守り悲しみを分かち合っている山々に告げていた。——われわれは、歴史の中に消えたすべての愛する人たちと共に、すべての死者たちと共に踊っているのだ。われわれは、ピノチェトが追放した不可視性のかなたから死者たちを取り戻しているのだ、と。そして、まるで時を超えてわれわれに答えるかのように、チリ交響楽団がベートーヴェン第九交響曲の合唱曲を高らかに演奏し始めた。やがてあの歌が歌われた。チリ・レジスタンス勢力によって街頭での戦いの折にいつも歌われた、シラーの『歓喜に寄す』。「すべての人間がふたたび兄弟になる」日を預言する歌だ。

七万の人間が彼らの死者たちの安息を祈りながら共に泣く。それまで見たことのない、そしてふたたび見たいとは思わない光景だった。そしてあの日、われわれは、みずからに、無言の、苦痛に満ちた仕事を課したのだ。ピノチェトが侵入したすべての領域を、その後の長い年月において、一つ一つ執拗に解放していくことを決意したのだ。

やがて明らかになったことだが、それはわれわれだけでは達成できない仕事だった。外国の友人たちからの援助を必要とする仕事だった。

デヴィッド・バーネットは、1973年軍事クーデターの数日後、サンティアゴ市国立スタジアムの地下室で逮捕されたばかりのこの若者の姿を撮影した。彼が殺害されてはいず、生き延びていたことをデヴィッドが知るのに、25年以上を要した。この長い年月、この囚人は、恐怖のゆえに、名乗り出ようとしなかったのである。(© David Burnett)

ピノチェト将軍の信じがたく終わりなき裁判

一九九八年十月

「ピノチェトのこと、聞きました？」

やめてくれ。彼のことなどたくさんだ。ピノチェトはごめんだ。この朝っぱらからやめてくれ。ピノチェト？　ピノチェトだって？　ピノチェトと聞いただけで吐き気がするんだ。

「ピノチェト？」

思わず、その恐ろしい言葉を口にしてしまった。その名前にはいつも忌まわしい知らせが付きまとっている。この二十五年間わたしはそれを聞き続けてきた。きょう、一九九八年十月十七日、夜明け前の飛行機に間に合うよう、わたしをバークリーのホテルから空港まで乗せていってくれる大学院生ヴィクトリア・サンフォードは、あの男にまつわる不愉快なニュースをまたしても伝えようとしているのだろうか。

そうではなかった。ヴィクトリアは、まったく予想もしなかったことを言ってわたしを驚かせた。「彼がロンドンで逮捕されたんです。昨夜、スコットランドヤードが、スペインの判事の命令に基づいてやったんです」

わたしの思考は自動的にスペイン語——おぞましくもわたしがピノチェト将軍と共有している言語——に切り替わった。エスト・ティエネ・ケ・セール・ウン・スエニョ。そう思った。これは夢に違いない、と。これはヴィクトリアの反応でもあった。湾を越えてサンフランシスコ空港に向かう途中、話してくれた。その朝目覚めてニュースを聞いたとき、彼女は思った。かつてのチリの独裁者が身柄を拘束される、そんなことが本当であるわけはない……。しかしラジオはそのニュースをふたたび繰り返した。まるでアナウンサー自身がそれを信じられないかのようだった。前夜、警察は実際にロンドン・クリニックを包囲した。ピノチェトがそこで背中の手術を受け、回復しつつある病院である。数人の警察官が病院に入り、彼に告げた。あなたは拘束され、身柄引渡しに関する審理を待つことになる。引渡しを求めているのはスペインのバルタサル・ガルソン判事。容疑はジェノサイド〔集団殺害〕の罪。

一時間後飛行機が離陸したときも、わたしはまだ、ヴィクトリアから聞いたわずかな情報しか知らなかった。わたしは、文字通り舞い上がり、混乱していた。ある友人の体験を思い出した。わたしと同じチリ人だ。一九七三年九月十一日の午後、彼はパリにいた。ローマ行きの列車に乗ったところだった。ノンストップの急行「パラティノ」である。ドアが閉まったちょうどそのとき、下のプラットフォームにいる誰かの持つ『ル・モンド』の最新版がちらりと目に入った。「COUP D'ÉTAT AU CHILI」、チリにクーデター。見出しが彼に向かって叫んでいた。そして、列車がヨーロッパを縦断するその夜の無限の時間のあいだじゅう、彼に向かって、彼の内部で、叫び続けていた。彼は列車から下りることも、自分の国に、自分の家族や友人に、自分の支持する大統領に、何が起きたのか知ることもできず、そのニュースに捉えられて身動きできずにいた。誰が生きているのか、誰が死んだのか、自分たちに何が起こるのか？　彼はもちろん知るすべもなかったが、フランスで列車のドアが閉まったのとほぼ同じ時刻、地球の反対側で、南半球の最南部で、キッシンジャーがかつて言ったように、南極大陸の心臓に突きつけられた短剣のように太平洋をいだくこの国において、何百万という同国人とともに、わたしは、彼が発したのと同じ質問を自分に問いかけていた。ラジオの前にうずくまって、あの声を聞きながら、問いかけていた。あの声、その後の長い歳月になじみとなる、アウグスト・ピノチェト将軍の鼻にかかっただみ声。その声が軍事評議会の最初の命令を読み上げていた。「外出禁止時間中街頭で捕らえられた者は即座に射殺されるであろう」

ほとんどのチリ人はこれまでこの声を、今後、彼らの私的生活にも公的生活にも付きまとうことになるこの声を、聞いたことがなかった。

しかし、わたしは違った。わたしは、サルバドル・アジェンデの官房長官フェルナンド・フロレスの非公式顧問として、昼間は毎日、夜間も多くの夜を、行政府の置かれたラ・モネダ——首都サンティアゴのコロニアル様式の建物——で過ごしていた。そしてそこで、一九七三年八月のある午後、電話が鳴り、受話器をとったわたしは、電話線の向こうに、「エル・ヘネラル・アウグスト・ピノチェト・ウガルテ」といらだたしげに名乗る、だみ声を聞いたのだ。平和的手段を通して社会主義を創造するチリの実験が危機的状況を迎えていた緊迫の日々、ピノチェトは軍部全体の中で民主主義政府に最も忠実な軍人として知られていた。わたしは急いでその電話をフロレスに回した。——ピノチェトのその声が隠しているものをまったく聞き取らずに。彼がたくらんでいる裏切り、彼の心の中にすでに起きているクーデターに少しも気づかないままに。

それだけだった。電話での一瞬のやりとりに過ぎなかった。しかし、わたしはその後の長い年月、将軍の電話のことを考え続けることになった。彼はあれ以後さまざまな電話をかけたに違いない。空軍に大統領宮殿を爆撃せよと命令した電話——アジェンデはその建物の中で死んだ。チリ議会を解散させた電話。オルランド・レテリエルを逮捕させた電話。エンリケ・パリスを手足を切断したうえで処刑せよと命令した電話。カルロス・バーガーを行方不明にせよと命じた電話。ホセ・マヌエル・パラダの喉を掻き切れと指示した電話。カルメン・グロリア・キンタナを焼き殺せと命令した電話。

わたしはこうしたすべてを記録することになった。亡命先で、ブエノスアイレスでパリでアムステルダムでワシントンで、注意深く書き記した。未来がわれわれに用意していることを認識しなかったがゆえに、ラ・モネダ宮殿のあの番号にダイヤルしたあの手が、わたしに対して、わたしの選んだ祖国に対して、たくらんでいることを見抜けなかったがゆえに、ほとんど自分を罰するかのように、ほとんど偏執的に、書きとどめた。そうだ。やはり彼だ。もちろん、非難すべき者はほかにも多くいる。このような犯罪は数千の協力者、数百万の傍観者がいなければ行ない得るものではない。それは知っている。しかし、やはりピノチェト、常にピノチェトなのだ。たとえば、ある人権問題報告書を読む。独裁体制の最初の一年間に十八万の人々が略式裁判で投獄され、彼らのうち推定九〇パーセントが拷問を受けたことを知る。また、フランスで友人のオスカル・カストロに出会う。彼は政治犯収容所での二年の刑期のあとチリを追放された。彼の罪は、ある芝居を上演したことだ。沈没する船の船長が乗組員たちに生き延びて戦いを続けるんだとささやく、そういう芝居だった。オスカルの母が、秘密警察によって行方不明とされていると聞いて、わたしは彼を慰める。

そして、あれこれの新聞でチリの人口の二七パーセントが国の収入の三・三パーセントを受け取っていることを読み、これらの無味乾燥な統計値から、貧しい人々の顔を、サンティアゴのポブラシオン〔低所得者層居住地区〕でわたしが何年も共に働いた夫婦や親子の顔を思い描く。彼らが生きながらえるために猫を食わなければならなかったことを思い出す。そして、一通の手紙から、いまサンティアゴの街に群れている児童売春婦のことを知る。――そんなとき、思うのは、いつもピノチェトだ。責任があるのはやはりピノチェトだ。あの悪党野郎《イホ・デ・プタ》ピノチェトだ。わたしと、わたしが戻ることを許されない国との間に立ちふさがるのは、われわれすべてと、彼が権力の座にある限りはもはや体験することのできない正常な生活の間に立ちふさがるのは、常にピノチェトだ。それでいて、わたしには、彼の手と彼の声だけはまがまがしい存在感で迫ってくるにもかかわらず、彼の全体像は、奇妙におぼろげなほとんど実体のないものとしか感じられないのだった。

わたしは彼の過去を調べた。古い新聞の切り抜きを精読し、チリを支配する男の足跡を見つけようとした。この国のどこで木の葉が一枚落ちようと自分は知っているのだと豪語することのできた男の歩みをたどろうとした。ほとんど何の手がかりも見つからなかった。こんなことがあるだろうか。わたしは彼の自伝を熟読した。一九二〇年代、バルパライソの港でののどかな幼年時代を知り、一九三〇年代、無鉄砲な陸軍士官学校生徒時代を知った。彼の書いた三冊の地政学に関する本にも目を通した。論争を呼ぶような主張もなければどのような政治的立場も表明されていない平凡な著作だ。そして鈍重で特徴のない軍事的経歴――。彼は自分を隠しているのではないか、という思いをわたしは追い払うことができなかった。彼は全生涯を通じて、たぶん彼自身からさえ、自分の正体を隠してきたのではないか。ごく早い時期から、誰にも、たぶん彼自身の鏡にさえまた妻にさえ、自分が本当は何者であるかを、自分が将来どのようなものになり得る人間であるかを、明らかにしてこなかったのではないだろうか。

彼の長い無味乾燥な履歴の中にただ一つ興味をそそる出来事がある。一九四七年、時の大統領ガブリエル・ゴンサレス・ビデラは、顕在化しつつあった冷戦においてすでに合衆国の側に立つことを選び、自分の政府から共産党員を放逐した。共産党は人民戦線連合の一部としてゴンサレス・ビデラの大統領当選に協力したのだったが、いまや大統領は数千のかつての同盟者を検挙し、強制収容所に送った。北の砂漠地帯、隔絶し荒廃したピサグア港のすぐ外側に新設されたこの収容所の責任者が、ほぼ三十年後、この施設をふたたび開いて自分自身の敵を送り込むことになる男、アウグスト・ピノチェト陸軍大尉だった。そしてこのピサグアで、一九四八年のある日、ピノチェトはやはりバルパライソ出身の男、サルバドル・アジェンデと初めて遭遇するのである。サルバドル・アジェンデは社会党国会議員として、議会代表団を率いて、囚人たちが置かれている条件を調査するために訪れたのだった。軍人たちに立ち入りを拒否されたアジェンデが、許可があろうとなかろうと、われわれは訪問目的を成し遂げると言明したとき、ピノチェトは、もしそんなことをしたら銃殺するという脅迫で応じた。ピノチェトの回顧録によれば、将来チリの大統領になる男はこれで引き下がったという。

後に、ピノチェトは、この暴力的な対決が戻ってきて自分に付きまとうのではないかと気をもむことになる。しかしアジェンデは一度もそのことを口にしなかった。そして一九七三年八月二十三日、大統領として、クーデターのまさに十九日前にピノチェトを陸軍総司令官に任命したとき、アジェンデは、明らかにその出来事を覚えてはいなかった。アジェンデへの手紙――わたしが受話器を取り上げ彼のどら声を初めて聞いたときと同じころに書かれた――の中で、ピノチェトは、大統領と憲法を守るために命を捧げると誓っていた。きわめて狡猾なピノチェトは、百戦錬磨の大統領を、ほかの誰をもそうしたように、あざむいたのだった。実際、ピノチェトは、彼を彼のポストに任命した男を打倒する陰謀に、最後の瞬間まで加わらなかった。しかしいったん決断すると、エル・ヘネラル〔将軍〕は、すべてのライバルや同盟者を組織的に抹殺するか服従させる仕事に邁進した。これは彼の本質的特徴のようであった。敵を騙す、飽くなき、ほとんど致死的な能力。灰色の不可視性の外被の下に隠れた深い狡猾さ。スペイン語でいうカスーロ〔cazurro〕だ。全生涯にわたり隠れていて、何年も後にわたしが亡命先からとらえようとしても、つかまらない。するりと逃れてしまう。まったく正体がつかめない。わたしにとっては、電話で声を聞いたときの、あのつかのまの三秒ほどのイノセントな瞬間においてのみ実体を感じさせる人物。ピノチェトはわたしの生涯のすべてだった。しかもそれでいて彼は無だったのだ。

しかしいつの日か……いつの日か、これは変わるだろう。わたしは自分に告げた。チリの内外で、われわれはみな自分にそう告げた。いつの日か、わたしは勝ち誇って故国に帰るだろう。そして、ピノチェトが自分のおかした犯罪のゆえに裁かれるのを見る、あの声が許しを乞うのを聞く、あの手が屈辱に震えながら手錠にはまっているのを目の当たりにする、そういう満足をあたえられることがあるだろう。そう思っていた。結局、わたしは、一九八三年、ピノチェトがまだ大いに権勢を振るっている国に歓喜に満ちてとは言いがたい状態で帰る仕儀となったのだが、帰国したからといって、彼がより身近になったわけではなかった。将軍は堅固な防壁の向こうに、わたしが亡命の十年間そうであったように、チリからは距離を置いて生きていた。わたしの知人のなかで彼をちらりと見る以上に見た者はいなかった。サンティアゴにおいてさえ、彼はすべてであり無であったのだ。

　亡命からの最初の帰国中のある日の夕刻。郊外の貧困地帯からサンティアゴのアップタウンに戻る途中、わたしはついに初めてピノチェト将軍を見た——あるいは少なくとも彼の一部を見た。わたしはその午後のほとんどを貧しい若者の一グループと共に過ごしていた。彼らは自分たちのベンジン吸引中毒について話した。地獄のような現実からの、最も安価で手っ取り早い逃避だ。彼らはまた、暴力的な警察の手入れや、就職難についても語った。この地域の失業率はこの地区で少年たちとその家族の面倒をみているある司祭によれば七〇パーセントに近いのだった。

　当時の義弟、映画制作者のイグナシオ・アグエロ[★4]が、わたしをそのスラムに連れて行ってくれたのだ。帰途、アントニオ・バルガス通りとエレオドロ・ヤニェス通りの交差点で、わたしたちの車は停止した。けたたましいサイレンの音と、轟然たるオートバイのブレーキ音が迫ってきたからである。「ピノチェトだ、ピノチェトだ」イグナシオは落ち着かなげにつぶやいた。疾走する黒い車列が、われわれの前を通過するまさにそのとき、窓の一つから、白い手袋をはめた一本の手が突き出されて、ひらひらと振られた。お偉方が歓呼する群集にこたえるときの典型的な動作だ。ばかばかしい話だった。そこにはイグナシオとわたししか、いなかったのだから。

そして彼は消えてしまった。まるで幽霊だった。

ピノチェトは、もちろん、わたしが彼を見ていることなど知りはしなかった。それでも、わたしは、彼にあざけられたと感じた。――薄闇の中の彼の幽霊のような手は傲然と告げていた。わしはここにいるぞ、おまえやおまえの仲間たちがわしに近づけるのはこれが限度だ。こういう別れが、わしとおまえたちの唯一の別れだ。ほかの別れ方などないのだよ。わしが裁かれることなどあり得ない。わしは裁きからは隔絶されているのだ。おまえのその飢えた目から隔絶されているのと同じようにな。

この出来事は、いくぶん腹立たしさを伴なう意味でではあるが、その後起きた事態を予告するものだった。彼はあの幻のような手袋によって保護されているのだと、わたしは思うようになった。自分が裁かれ得るなどとは夢にも思っていない。いかなる責任追及からも完全に守られている。彼のあの手は一九七八年に彼自身と彼の部下たちのための恩赦法[★5]を署名し成立させた。そして十年後彼が国民投票[★6]に敗北し一九九〇年しぶしぶ大統領の座を明け渡したあとでさえ、あの声は、わたしが何年も前に初めて聞いたあの声は、もし新しい民主的なチリがあえて自分に手出しをするならば、もう一度クーデターをやるぞと脅迫し続けた。実際、二つの小さな反乱[★7]を起こさせて、配下の軍人のただ一人でさえ証言に立たせてはならぬことを示したのである。しかも彼は当局から、自分の無能な息子がかかわりそれによって億万長者となった不正商取引への捜査を抑えるという約束を取り付けていた。ピノチェトの脅迫は、以前の独裁者の口先だけの脅迫ではなかった。彼は民政移管後最初の八年は陸軍総司令官であり続け、一九九八年三月相変わらず傲然として陸軍を去ると同時に、終身上院議員になって、政策を牛耳り続け、敵たちに、自分と自分の仲間に逆らってはならぬと警告し続けた。最高裁判所はピノチェト自身が任命した判事ばかりで構成され、もちろん、人権侵害についての訴えなど頭から受け付けなかった。こうした状況のなかで、わたしは、いまやふたたび遠方から、チリに戻らないことを決意した国外在住者として、こう思った。——ピノチェトはわれわれを永遠にあざけり続けるのだろう。われわれは決して彼の人格ないし彼の遺産と決別することはないだろう。白に包まれた彼のあの手は、一度も、それらがなしたことに、それらがほかの人間たちの手になさしめたことに、まともに向き合うことなく、墓地に行くのだろう。

しかし、いまや、歴史はピノチェト将軍の手首や指に対して別の計画を持ったかのようだった。ほかの手が、イギリスの警察官たちの手が、彼の生活にまたわれわれの生活に入り込んだ。一人のスペイン人判事の手が暴君を追い詰めた。

この長い年月を通して、わたしが彼について得ている断片的なイメージ——実体のない声、色あせた新聞の切り抜き、正体を隠し続けた人生の細かな逸話、白い白い手袋——。これらは、たぶん、結局のところ、あり得る別れを予知的にほのめかしていたのだ。わたしはようやくチャンスを得られるのだろうか。わたしの国はアウグスト・ピノチェト将軍に別れを告げることができるのだろうか。

＊

将軍よ。ロンドンで拘束されたことはあなたに起こり得た最良のことだ。もちろん、警告もなしに逮捕されるのは、そして、気の向いたときにチェルシーの通りをそぞろ歩くこともできず、どんな未来が自分を待っているか知ることもできないというのは、快いことではない。多くのチリ人がそれを知っている。真夜中にやってきたあなたの部下に捕らえられ、五つ星のロンドン・クリニックとは雲泥の差のところに押し込められた人たちがそれを知っている。

しかし、あなたが脅えているなら、孤独を感じているなら、裏切られたと思っているなら、たぶんあなたはこう考えるべきだ。運命があなたに、人生のまさに最後の段階で、あなたの魂を救う素晴らしいチャンスをくれたのかもしれない、と。あなたはこの二十五年間一つの幻影を生きてきた。自分の偽りの姿を作り出し、それを強迫観念的に正当化してきた。あなたは、自分が、サルバドル・アジェンデを、自分が永遠の忠誠を誓った男を、裏切ったことを知っていた。

その最初の背信行為のあと、ほかの裏切り行為が相次いだ。裏切りの、避けがたいなだれ現象だ。最初の大いなる犯罪を覆い隠すためにますます多くの犯罪を犯さなければならないのだ。独裁者は、自分が解き放った悪魔たちからの避難場を得ようとして、絶対的権力を追い求める。幽霊たちを沈黙させる一つの方法として、独裁者は、自分の回りを、おべっか使いの鏡たち、阿諛追従する顧問官たちの塁壁で囲おうとする。彼らは暴君に受け合うのだ。そうですとも、あなたは世界の中でいちばん美しい、いちばん優れている、いちばん物知りです、と。

そして将軍よ。結局あなたは彼らの言葉を信じたのだ。

あなたは、以前にやった行為、現在やっている行為から、自分を防御した。あなたのいわゆる不可侵性の隔壁でもって、自分を守った。誰からも責任を問われることはない、あなたには一つの法律がありあなた以外の同国人には別の法律がある、という揺るがぬ確信に支えられていた。そしてチリ民衆の要求の前に、民主主義を受け入れ権力の座を去らざるを得なくなったときでさえ、あなたはまだ、不気味なまでの直感によって、国全体を罠にはめることができた。それ以後の移行期において、あなたは、あなたの行為、あなたの発言のどれ一つにも責任を問われることはない、あなた一人が好きなときに好きなことを言ったりしたりして良い、一方、ほかの同国人は常に自分の発言に、自分の思考にさえ気をつけていなければならない、――チリはそういう国になってしまったのだ。

われわれは、あなた方の銃のまぼろしの下で、取り決めの文言に同意した。それゆえに、われわれの真の感情を表明することができなかった。もしわれわれの動きが気に食わなかったらあなたは立ち上がりゲームがやられているテーブルを蹴飛ばして、怪しからぬ相手を撃ち殺すに違いないと思ったのだ。将軍よ、われわれは民主主義を取り戻した。しかし、あなたは、その民主主義がどこまで遠く深く進んで良いのか、その限界を設定したのだった。

そして、あなたはあなたの国と世界とを取り違えた。イギリスに旅行できると思った。イギリスはあなたにとって礼節と文明を象徴する国だ。サンティアゴのマポチョ川の岸辺を歩くようにテムズ河畔を歩けるだろう。イギリス人はチリのルールと契約を尊重するだろう。チリ人と同様おとなしいだろう。マーガレット・サッチャーと共にティーを楽しむことは自分を守るだろう。あなたはそう思った。

将軍よ、あなたは自分で自分を罠にはめたのだ。これは二重に愉快なことだ。あなたは傲慢さでもって支配した。その傲慢さが、あなたの目を見えなくし、あなたの現実への感覚を狂わせ、あなたを幻想の中に誘い込んだ。あなたは、常に自分の意思をほかのすべての人に押し付け得ると思うようになった。周囲の苦痛、自分がほかの人間にあたえた苦痛を見つめる必要などないと信じるようになった。

これは知ってほしいのだが、将軍よ、わたしは死刑を信じない。わたしが信じるのは人間の贖《あがな》いだ。あなたの贖いですら信じるのだ、アウグスト・ピノチェト将軍よ。だからこそ、わたしはこの二十五年間、このことが起こるのをかくも欲してきたのだ。あなたの死の前に少なくとも一度、あなたのその目が、女たちの黒い澄んだ目を見つめてほしかった。彼女たちの息子や夫や父や兄弟をあなたが拉致し行方不明にした。その女たちの一人、二人、そして全員の目と、あなたの目を合わせてほしかった。

あなたがあたえた命令あるいはあなたが却下しなかった命令によって自分たちの生活がいかに損なわれ破壊されたかを、あなたに告げる。そういう機会を彼女たちに持ってほしかった。もしあなたが、毎日毎日、あなたの犠牲者たちの無数の物語を聞かなければならなくなったら、もしあなたが彼らの存在を認識せざるを得なくなったら、いったい何が起こるだろうか。

将軍よ、あなたは神を信じている。わたしが自分には許していない慰めだ。しかし、あなたはそれゆえに、あなたの賢明で慈悲深く峻厳な神が、人生の最晩年のあなたに送ったものを、読み解くことができるかもしれない。悔い改める機会なのだ。あなたのむごたらしい犯罪のすべてを深くかえりみて、許しを乞う機会なのだ。ご存じだろうか、ドン・アウグスト？　個人的には、わたしに関する限りは、それで十分だ。それで十分な罰なのだ。そして、考えるがいい、――それが、あなたが愛していると言う国への、それのためにこれらのすべてをやったのだと言っている国への、どれほど大きな貢献かを。あなたの力で、われわれが共有する祖国が、和解という困難なためらいがちな事業においてもう一歩踏み出すことができるのだ。和解が可能になるのは、われわれに対してなされたことの恐ろしい真実が明らかにされ認知されたときである。真実を求める苦痛に満ちた努力に、あなたが、われわれにも自分にも嘘をつくことなく、参加したときである。

思い出してほしい、歴史と宗教が、文学さえもが――ロシア人ではあるが、ドストイェフスキーのことを考えるがよい――、犯罪者に起こる最良のことは捕らえられることだ、と教えている。孤独な独房の中にいると、いつもながらの自己弁護は消えて、自分の過去と直面せざるを得なくなる。そして、時として、奇跡のように、囚人の心の中に、小さな窓が開く。その窓は、自己省察と贖いに繋がるかもしれないのだ。

わたしはもちろん気づいている。あなたがこの機会を生かして真に自由な人間となる可能性はあまりないだろう。自分の恐怖を否定して人生の謎を解読し得る男となる、突然自分を、人類の巨大な大多数が見ているのと同じ見方で見ることのできる男となる、なぜわれわれが、あなたをまた非常に多くの他の独裁者たちを、われわれの存在から拭い去りたいかを、理解することのできる男となる、――そんな見込みはありそうもない。

アウンケ・ヌンカ・エス・デマシアード・タルデ、ヘネラル。

とはいえ、まだ遅すぎはしないのだ、将軍。

*

あの朝、大統領サルバドル・アジェンデが、自分はここで死ぬのだと認識したに違いない一瞬があった。一九七三年九月十一日、朝。そう、テロルの九月は、歴史上、多くの人々が記憶しているよりも数多くある。そう、九月十一日火曜日は二〇〇一年のほかにもあるのだ。その日、やはり死は空から襲いかかった。サンティアゴではその日爆弾とミサイルがホーカーハンター機から投下された。クーデター指導者たちは軍隊を総動員し、すでに文民政治家たちを殺害しつつあった。最後通告が発せられていた。

アジェンデはそのときまで彼の傍らでたたかっていた百人ほどの仲間を呼び集め、すべての女性と、武器の使い方を知らぬ男たちとは、ただちに大統領宮殿を去るようにと厳命した。大統領によって救われた者たちの中に、彼自身の妊娠中の娘ベアトリスと、二十九歳のカタルーニャ人弁護士ジョアン・ガルセスがいた。ガルセスは、民主主義的社会主義政権のこの三年間、アジェンデの政治顧問を務め、その親友になっていた。ガルセスはスペイン大使館の保護を得てチリをひそかに脱出した。飛行機が、平和革命の希望の潰えた国を離れたとき、彼は、死んだ大統領を、軍事クーデターのほかの犠牲者たちを、決して忘れまいと心に誓った。

何年も後に、アウグスト・ピノチェトの息子——愛するパパの治世の間に巨万の富を溜め込んだ男――は、親父はジョアン・ガルセスを海外に逃がすのではなく彼の心臓を杭で刺し貫いておくべきだったと文句を言った。

この人物にしては至言というべきだろう。

その後の数十年のあいだ、故国スペインで、弁護士としてまた国会議員として活動しながらも、ガルセスは、ピノチェト将軍をその犯罪のゆえに裁判にかけることは可能であるという信念を、かたときも忘れなかった。サルバドル・アジェンデの名をとった財団を創設し、オフィスと自宅のいくつかの部屋を資料・情報のファイルで満たし、自分が設立にかかわった「進歩的弁護士団」のトップとして、外国の独裁者たちをスペインの裁判所で裁くというキャンペーンを主導した。最初はドン・キホーテ的行為と見えた。が、スペインが一連の条約、とくに拷問に関するヨーロッパ条約に署名して以来、それは、法的に実行可能なものに見え始めた。そして、新しい民主的チリの指導者たちにピノチェトを裁判にかける能力ないし意欲がないことが明らかになったとき、処刑された者行方不明にさせられた者たちの家族は、ジョアン・ガルセスに目を向けた。彼は無限の時間を費やして、彼らの話に、証言に、告発に耳を傾けた。たぶんガルセスと彼の同僚たちは何らかのかたちで懲罰を加えてくれるのではないだろうか。

一九九六年七月五日、アウディエンシア・ナシオナルすなわちスペインの最高裁判所は、弁護士の一グループがバレンシアの裁判所においてある起訴状――チリにおけるスペイン国民の死亡および失踪について、アウグスト・ピノチェト将軍と軍事評議会の他のメンバーたちの罪を問うもの――を提出する権利を承認した。これはピノチェトに対して行なわれた多くの刑事手続きの最初となるものであった。チリ人犠牲者についての告発が一件書類に加えられるのは、その後のことである。

こうした努力は、すぐには目に見える成果を生まなかった。——ただ、ピノチェトは用心してスペインには入国しなくなった。イギリスについてはそんな心配などなかった。チリ軍の使用する兵器の購入交渉のために彼は頻繁にイギリスを訪れた。この取引によって、一説によれば、彼自身と彼の家族にたんまりと手数料が入った。彼はロンドンを含む各地で、その地位と外交旅券にふさわしい栄誉と特権をもって遇せられた。だから、ピノチェトは、自分の外国の敵たちがあれこれ画策していることをあまり気にしている様子はまったくなかった。

わたしも、そう思った。彼がつかまることなどないのだろうと思った。実際、ある朝、こんなことがあった。たしか九〇年代の半ばごろのことだ。オランダ人の友人マックス・アリアンが、息を切らしながら電話をかけてきた。

「もうすこしでやつを捕まえるところだったよ」

「誰をだい?」

「ピノチェトをさ。彼がこのアムステルダムにいることがわかってね。アムステル・ホテルに滞在していた。アムネスティ・インターナショナルの要請で、ある判事が彼を逮捕するための令状を発行した。しかし彼は察知して、ことが起きないうちに出国してしまった。少なくともわれわれは彼を大慌てで逃げ出させた。彼をひやりとさせたんだ」

それが、これらの追及の限界のようだった。——彼をひやりとさせるのが。今日の世界では、失われた大義のためにおめでたい夢想家たちによって数多くの聖戦が戦われている。これもその一つだ。理想に燃えた、ほとんど空想的な追及だ。彼らの不屈さ、粘り強さには賛嘆に値する。しかし、彼らは結局、みずからを欺いているのではないか。わたしにはそうとしか思えなかった。が、ここにもう一人のスペイン人が現われて、ガルセスが自分に課した任務に力を貸した。おかげで、わたしのペシミズムは打ち破られた。彼の名はバルタサル・ガルソン。奇しくも同じG–A–Rで始まるラスト・ネームを持っている。アウディエンシア・ナシオナルの最年少の判事であり、麻薬商人を、バスク分離主義組織ETAの幹部を、そして後にはETAテロリストを拷問し絶滅するための非合法の部隊を創設したことで社会党政権の関係者を、断固として訴追したことで知られていた。一九九六年以来、ガルソンはアルゼンチン軍事独裁期のスペイン市民の死を捜査しており、この犯罪にかかわったアルゼンチン軍人の身柄引渡しを要求していた。一九九八年半ば、ガルソンは、ガルセスが起こしていた一連の訴訟と、もう一人の判事が進めていた訴訟を引き継いだ。

そして、この二人の男——告発を行なった弁護士と、その告発を審理しようとする判事——の元に、アムネスティ・インターナショナルから緊急の知らせが届いた。十月八日、ピノチェトが背中の手術のためにロンドンの病院に入院した。今後十日間は身動きできない。オランダで逮捕されそうになったときのように逃亡することは不可能。——二人の男は行動を起こした。

秘密裏にそして猛スピードで働いて、ガルソンは、正義からの逃亡者[★8]アウグスト・ピノチェト・ウガルテを拘束するための国際逮捕状を発行し、インターポールに身柄拘束の要請を送った。

それは時間との競走だった。傑出した戦闘的ジャーナリスト、ヒュー・オショーネシーは十月十五日の『ロンドン・ガーディアン』紙に、将軍のイギリス滞在を非難し、イギリス人外科医シーラ・キャシディを拷問しほかの多くの人々を殺害したかどで、彼を逮捕することを望む記事を発表していた。チリ大使館がイギリス外務省に、何らかの行動が予定されているのかどうか問い合わせたとき、明らかにイギリス側はしらを切った。それに関しては何の情報も持っていないと答えた。にもかかわらず、ピノチェトの随員たちは警戒した。元独裁者である病人とともに十月十七日に帰国することを計画した。

しかし、遅すぎた。彼らの飛行機が飛び立つ前夜午後九時ごろ、長い一日の勤務を終えて自宅にいたイギリスの治安判事ニコラス・エヴァンズは、逮捕状に署名することに同意した。数時間後、正確には午後十一時二十五分に、スコットランドヤードの刑事たちが病院に入っていき、ジョアン・ガルセスを殺さないという誤りを犯した男に、あなたを逮捕しますと告げた。彼らは将軍アウグスト・ピノチェトに権利を読んで聞かせ、ジェノサイドと人道に対する罪のかどであなたを裁判にかけるべく判事バルタサル・ガルソンがマドリードで待っていると知らせた。

＊

そんなわけで、わたしは毎朝、夜明け前に、正確には四時四十八分に目を覚ましている。ピノチェトの逮捕以来、もっと正確に言えば――バークリーでのあの最初の夜明け以来のことだ。そうならざるを得ないのだ。その途方もない時刻に、まぶたが自動的に開いてしまう。そしてわたしは、ここノースカロライナのわが家のしじまの中でラジオをつける。妻アンへリカの、とても公表できないような呪詛の言葉を避けながら、もどかしく、ロンドン時間午前十時のＢＢＣニュースに耳を傾ける。強制的な体内時計のようなものが、最新の展開にダイヤルを合わせるよう、わたしに要求する。わたしは即座に知らなければならないのだ。何か新しいことがあの独裁者に起きているのではないか。彼の最終的運命を予告する新しい動きが浮上しているのではないか。

気は急いているものの、ことがそう容易でないことに、わたしは気づいている。ピノチェト将軍のこの裁判は、急速には進まないだろう。当然ながら、この男は、彼が弾圧被害者たちにはあたえなかったありとあらゆる権利をあたえられている。誰も、彼の自白を引き出すために、彼の娘たちを強姦などしない。彼を投獄した人々を見分けられなくするために、彼の目玉を抉り出しはしない。あるいは両方の親指だけで五十日のあいだ夜も昼も、慈悲を乞うまで彼を吊るしたり、あるいは口にテープを貼って歯を叩き折り、自分を弁護することも出来なくしたりはしない。彼は弁護人を拒否されることはない。医療を停止されることもない。彼の家族は、彼の居場所について嘘を言われることもない。

わたしはこれについて異議をさしはさむつもりなどない。将軍は、この地上に生まれたすべての人間と同様に、有罪が証明されるまでは無実と見なされるべきだ。ということは、具体的には、耐えがたいほどに果てしのない司法手続きが続くことを意味する。被告が最良の弁護士たちを雇う資金を持っているすべての訴訟事件と同様に、裁判の前途は、申し立て、令状、審問、条文的論争、等々に満ちている。将軍引渡しの要求に対して、毎日、新しい攻撃が行なわれているし、これからも行なわれるだろう。事実、十月十六日のピノチェト逮捕をもたらした急ぎの暫定的逮捕状は、独裁の最初の十年に殺害されたスペイン市民の名前しか挙げられていなかったがゆえに、不十分であることが分かった。チリ政府が十月十七日、イギリスにおける身柄引渡し犯罪を構成していないとして、異議を唱えた。これを受けて、ガルソンは十月十八日、二番目の令状を発行。これは、拷問行為がどこで行なわれようとこれを犯罪として認めるというイギリスの法律を意識して注意深く作成されていた。この結果、ジェノサイドとテロリズムという新しい罪状によって、十月二十二日、ピノチェトが再逮捕された。

この新しい令状もまた、ピノチェトの弁護士たちによって挑戦された。そしていまや、人身保護令状と釈放の請願が、(高等法院としても知られる)合議法廷において議論されている。審理に当たっている三人の裁判官がどのような決定をしようとも、見守るわれわれを待つものは、際限もない法的バトルのようである。司法審査の要請、その審査の修正の要請、上訴、対抗しての上訴、……これらのすべてがイギリスの裁判制度の階梯を一段一段のぼってゆき、ついには法官貴族[★9]――他の国々の最高裁判所に相当するイギリス上院に議席をもつ法律家たち――のもとに至る。実際、この果てしない訴訟は、たぶん彼らの前で終わるだろうが、最終的に決着がつくまで、何度同じ過程が繰り返されることか。ただし、内務大臣が自分の意思で介入し、八十二歳のチリの将軍を追い払うことを決めるならば話は別だ。とはいえ、この究極的決定はまだ起こりそうもない。しかし、もし実現しそうになったら、ある人々の意見によれば、これまた、法的に争われることになる。スペインの判事の代理として行動しているイギリス検察当局が異議を唱えるからである。

げんなりするような司法的複雑さにもかかわらず、ピノチェトの裁判は、逮捕の適法性を決定するための予備的段階においてさえ、ただの訴訟事件ではない。この裁判の結果は、今後数十年にわたり、重要な法的問題、人権問題の全体の範囲を、決定するはずである。将軍が無罪か有罪かの問題に至る前にさえ、他のあれこれの事柄が解決されなければならない。かつての国家元首はその統治の間に犯したとされる犯罪のゆえに裁かれることができるのか？　彼の祖国で行なわれている恩赦——あるいは祖国の諸法律によって彼に適用されている免責——は、外国において適用されるのか？　イギリスの法廷は、さらに言えばスペインの法廷は、チリにおいて犯された違法行為についての告発を、その被害者にイギリスやスペインの国民が含まれなくても、判断し得るのか？　どのような時に国際法は国内法に優先するのか？　国内で行なわれた犯罪を裁く権利を国外の法廷に任せた場合、国家主権にとってその結果はどのようなものになるのか？　ピノチェトに対するこの種の行動が許容された場合、より小さな国々は、こうした措置が、自分たちに対する強者の武器になることを恐れる必要があるのでないか？　あるいは、外国への干渉行為を日常的に行なっているより強大な国々は、この種の裁判を、自国の指導者や軍人たちが、将来、これらの行為を命令ないし実行したかどで逮捕されるかもしれないことを示す脅威として、理解するだろうか？

このところ、最近起きたバルカン地域とルワンダの残虐行為、これまでの数十年間に起きたカンボジアやエティオピアの残虐行為を裁くべく、国際法廷が設立されつつある。実現しようとしているピノチェト裁判は、これらの国際法廷にどのように影響するのだろうか？　また、この裁判は、国民から盗んだ資金で豪勢な亡命生活を送っている他の独裁者たち——セネガルにいるハブレ、フランスにいるデュヴァリエ、サウジアラビアにいるイディ・アミン、ブラジルにいるストロエスネル、ジンバブエにいるメンギスツなどのような——に対して起こされている訴訟に、どのような変化をもたらすのだろうか？　また、合衆国に亡命を認められ、数千の中米やカリブ地域の難民が容赦なく追い返されているのを尻目に、のうのうとフロリダで海水浴を楽しんでいる、エルサルバドルの殺人部隊の指揮官ガルシアとビデス・カサノバ。この二人についてはどうなのか？　さらに、逆説的な話だが、ピノチェトの最大の敵フィデル・カストロは、国家元首の免責への攻撃に懸念を表明している。もし海外旅行中の自分に対してそのような企てがなされたならば、死ぬまで戦えと、警護隊に命令したといわれる。ピノチェト裁判はキューバにおける何かを変えるだろうか？ピノチェト事件は、（モブツやミロシェヴィッチのように）早い引退を考えているかもしれない現在の独裁者たちを、権力から撤退することをいっそう渋らせるのではないか？　たとえば、リベリアやインドネシアやイラクのような国では、もし海外の究極的避難所での安全がもはや保証されないならば、独裁者たちは、とことん戦う気持ちになってしまうのではないか？

要約すれば、資本から通信手段から生産まで、あらゆることがグローバル化されている時代にあって、司法はどうなのだ、司法のグローバル化はどうなのだ？　人類が再定義され、国境を越えて一体化している時代に、誰が、人類の名において語るのか、誰がその人類を代表して、審理し、懲罰をあたえるのか？

この裁判が何年かかろうとも不思議はない。かくも高い賭け金がかかっているのだから……。

この賭けに参加しているのは、一方の側に、ピノチェト将軍と、大金で雇われたその弁護団（ピノチェトにはそれを支払う能力がある。ジャーナリストたちが書いていることが真実だとしたら、彼は、家族の関係する麻薬取引によって巨額の利益を得ているのである)。他方の側に、スペインの判事と無数の被害者の代理として行動しているイギリスの検察当局。しかし、当事者は彼らだけではない。多数の他の人々が、ある者は表面に出て、他の者は影に隠れて、この裁判を支配し操作しようと努力している。口では司法制度とその独立を尊重すると言いながら、これらの人々は、——司法は真空の中で機能しているのではないことを、そして、外交から世論までの、あまり目には付かないもろもろの要因が、この裁判の帰趨を究極的に決定することを、知っているのだ。

この裁判に直接関係している三国(将軍が拘束されているイギリス、起訴が行なわれたスペイン、そしてもちろん哀れなチリ)のほかに、他の国々も事件に参入してきている。フランス、ベルギー、オランダ、ドイツ、スイス、イタリアで、検察当局が、ピノチェトへの逮捕令状を発する可能性を検討している。いずれも、ピノチェト体制下で自国民を殺害された国である。もしイギリスが独裁者を釈放するのであれば、自分たちが彼を裁こうと、列をなしているのだ。合衆国は、いままでのところ、慎ましくも、この訴訟から距離を置いている。しかし、合衆国政府は、もし将軍が、釈放に備えてロンドン郊外のイギリス軍基地に派遣されているチリ軍ジェット機に乗って帰国することになれば、満足の笑みをもらすことだろう。合衆国は、元国家元首(あるいは政府高官)が、外国で、人道に対する罪のかどで裁判にかけられることの異例さ、スペクタクル性を気にしている。人道に対する罪にからんでは、キッシンジャーの名前やジョージ・ブッシュ・シニアの名前、そして、外国でテロ行為を組織したかどで国際的に非難され得る、またはすでに非難されているさまざまなアメリカ人の名が、たえず浮かびあがっているからである。しかし、それだけではなく、ワシントンの支配層にとって不安を倍加するのは、これがチリの問題だという事実だ。彼らは、チリの民主主義を自分たちで不安定化し、自分たちが手を貸してそれを絶滅したのだった。

ピノチェト将軍に対するいかなる裁判も、一九七三年のあの極悪な介入のいっそうおぞましい詳細を明らかにすることになる。そして、ピノチェトをワシントンで裁くための引渡し要求に合衆国政府がまったく消極的であることの醜悪さを、またしても、さらけ出すことになる。ピノチェトは、アジェンデ政権の外務大臣、国防大臣であったオルランド・レテリエルとそのアメリカ人助手ロニー・モフィットの殺害を命じた。★10 この隠密作戦に直接責任のあった男、チリ秘密警察のかつての長官、マヌエル・コントレラスがサンティアゴで判決を受け、現在彼のために特別に建てられた贅沢な獄舎で服役中であるのは、ただただ、合衆国の圧力によるものである。もし同様の要求をして、結果的にチリ人たちがピノチェトの口を割らせるようなことになったらどうなるか？　二人の人物を合衆国首都の街路上で爆殺した国家元首の裁判は、メディアの中でどのように報じられるだろうか？　しかも、その主犯テロリストは、アメリカの情報機関とアメリカの多国籍企業によって権力の座に据えられたのである。それだけではない。ピノチェトに対するスペインの起訴の主要部分は次の事実を重視している。すなわち、ピノチェトの秘密機関が、ＣＩＡの援助を受けつつ、「コンドル作戦」として知られるテロ組織の創設に決定的役割を果たしたという事実だ。この組織を稼動させて、チリ、アルゼンチン、ボリビア、ブラジル、パラグアイ、ウルグアイ、六ヵ国の独裁政権は、一九七〇年代に、政治的反対者たちを、それぞれの国および他の国において、追跡し拷問し殺害した。さらに、このコンドル作戦を通じて、チリ軍部は、ニカラグアの独裁者アナスタシオ・ソモサに援助をあたえている（サンディニスタが一九七九年に彼を権力から放逐する以前のことである）。また、アルゼンチンは、合衆国の教唆のもと、エルサルバドルの暗殺部隊を支援している。☆だからわたしは、チリ政府が、ピノチェト問題の早期解決の手段として、イギリスとスペインに外交圧力をかけるべく、合衆国の支持を取り付けたという新聞記事を見ても、驚いたりはしないのだ。

イギリスはいまのところ動揺しているようには見えない。現在、政権の座にあるのは労働党である。そしてジャック・ストロー（引渡し手続きを進めるか、将軍の不健康と高齢を理由に審理をある時点で中断するかの最終的決定を下す立場にある内務大臣）は、若い熱烈な社会主義者として、アジェンデ時代のチリを訪れ、革命に声援を送ったことのある人物である。労働党の左派は、イギリスのマスコミやインテリゲンチアの多くと同様、ピノチェトの屈辱を歓迎している。一方、ピノチェトの親友「アイアン・レディ」〔サッチャー〕は、こともあろうに、将軍はチリに民主主義をもたらしたがゆえに賞賛されるべきだと、のたもうた。これは、自由市場主義者サッチャーをイギリスに社会主義を導入したとして称えるに等しい妄言である。

しかしながら、スペインでは、ホセ・マリア・アスナルの保守政権が、全力を尽くして、ガルソンの訴訟を妨害し、これを無効にしようとさえしている。アスナルは、チリにある巨大なスペインの経済的権益についてのチリ実業家たちからの――時にはベールに覆われた、時には剥き出しの――脅迫を気に病んでいるが、スペイン民衆の圧倒的な反ファシズム感情の前に、思い通りの行動はとれないでいる。世論調査によればスペイン人の九〇―九五パーセントが、マドリードでのピノチェト裁判に賛成している。自分たちはフランコを裁けなかったが、フランコの賛美者であり弟子であるピノチェトを裁くことでそれを償いたい、と願っているのだ。しかも、総選挙が二年後に控えている。保守派にとって最悪の悪夢は、選挙戦のときピノチェトが裁かれていることだ。そんなことになったら、国民に、毎日、アスナルとその仲間たちのルーツ——すなわち、ピノチェトとフランコを生んだファシズム的カトリック的国家主義——を思い出させてしまう。保守派がもう一期、政権を維持するためには、右翼は陰に隠れていてもらわなければならない。だから、スペイン政府は、ひそかに、引渡し手続きをさまたげ弱めようとするだろう。しかし、用心深くなければならない。あまり露骨なことをやっては元も子もなくなる。これまでのところ、政府の司法官僚たちの、この事件におけるガルソンの管轄権を否定しようとする——あるいは、たとえば、起訴状に新しい事件を追加するのを止めさせようとする——あらゆる浅ましい努力は、マドリードのあれこれの裁判所によって繰り返し繰り返し拒否され、スペインのマスコミによって非難されている。

少なくとも三つの大陸の上で展開されているこの複合的チェス・ゲームを、いっそうこんがらかった……

☆ 後者は、一九八二年のマルビナス〔フォークランド〕諸島侵攻の際、アルゼンチン軍部がワシントンの中立性を期待した理由の一つだった。しかし、アメリカはイギリスNATO同盟軍と行動を共にした。——そしていま、ピノチェトが、隣国アルゼンチンを裏切って、イギリスの戦争努力をひそかに援助したことが、明らかになりつつある。サッチャーが、ウェストミンスター〔イギリス議会〕にピノチェトの釈放を求めているのは、これが一つの理由である。ピノチェトは、彼女にとって、南大西洋の戦いでの勝利と、それに続く総選挙での勝利に決定的な役割を果たした恩人なのである。歴史とはかくも曲がりくねったものなのか！

らせているのは、経済界の国際的繋がりである。欧米経済界の大物たちと、チリにおけるその富裕な仲間たち。彼らはみな、——収益率の高い公企業を個人投機家に滑稽なほどの低価格で売却し、同時に外国の収奪者たちをも呼び入れる、ピノチェトの政策のおかげで、途方もなく豊かになっている。ほかにも、さまざまな武器商人——戦車や飛行機やミサイルや軍艦の提供者がいる。この二十年間、将軍によって大いに儲けさせてもらったこの人々もまた、いま、自分たちの忠誠心を示そうとしている。

一方、参加者の顔ぶれを多彩なものにしている、二つの他の国際的競技者も忘れてはならない。決定的に重要なのは、人権諸団体の連合だ。ピノチェトのような人間を裁きにかけるべく何年も戦ってきたこれらの組織は、この機会を、自分たちの力量、知恵、技能の試される時だと見なしている。アムネスティ・インターナショナル、ヒューマン・ライツ・ウォッチ、拷問被害者センターが、訴追チームに加わろうとしており、情報を集め、記者会見を開くなど活発に動いている。これらの非政府組織を支援しているのが、このドラマのもう一つの主役、ピケテ・デ・ロンドレス〔ロンドンのピケ隊〕だ。これは驚くべき現象である。世界各地から、中心的にはヨーロッパ諸国から、数百（時には数千）の亡命チリ人がロンドンに集まり、戦いの舞台となる場所を取り囲むようになったのだ。朝、弁護士や判事たちが裁判所に到着すると、ピケの人々はいつもそこにいる。ドラムを叩き、英語とスペイン語で書かれたプラカードを振る。仮面をかぶりさまざまな衣装を身に着けて、街頭劇場に参加する。白いシャツを儀式的にケチャップでよごし、物見高いテレビカメラの前で将軍の悪行を演じて見せる。こうした抗議者の多くは、彼ら自身、ピノチェト体制の犠牲者である。投獄され殴打され追放され、わたしと同様、果てしない年月の間、流浪の旅を続けながら、ピノチェトのあの手を夢に見た人々、そしていま、自分たちの中にその仇敵を迎えることとなった人々である。

しかしながら、たぶんもっと衝撃的なのは、ピケの中に多くの若者の姿が見られることだ。彼ら彼女らは、二十年以上も前に亡命に追いやられた人々の息子や娘たちである。彼ら彼女らは、時間と距離によって薄れかけていたチリ人としてのアイデンティティを突然再発見したのだ。チリ国外で、アジェンデ時代のあとに生まれたものを含むこれらの若々しい肉体は、ピノチェトに対する告発に重量感と現実感をあたえる。そして彼ら彼女らは、ピノチェトの生活を惨めなものにしている。かつてピノチェトに平穏を奪われた人々が、いま、そのお返しをしている。ピノチェトが逮捕されたまさに翌日、彼らはすでにクリニックの外側にいた。ピケをし、叫び、歌い、ドラムを打ち鳴らした。その音は、隔絶されたベッドに横たわるピノチェトに届いた。結果として、この由緒あるロンドンの病院の管理者たちは、将軍とその随員たちに、他の場所に移られてはいかがか、と提案せざるを得なかった。しかし、ピケの人々は敵の後を追って、ピノチェトの新しい住まい——精神病者のための一種の高級保養所——にも現われた。騒ぎはここでも続き、いまや嘲笑的に「イングリッシュ・ペイシェント」★11と呼ばれているピノチェトは、とうとう、ロンドンの遠い郊外に、門付きの広い地所の中の奥まった家を借りなければならなくなった。彼はここで、門前に群がる抗議者たちの喧騒と、身辺でたえず目を光らせているスコットランドヤードの警官たちとによって、幽閉されているのだ。

毎朝、目を覚ましたときに、わたしはそこにいる彼を想像する。わたしは、わたしが聞くのと同じ番組を聞いている彼のことを考えるのが好きだ。閉じ込められ、自室から動くことのかなわぬ彼。かつては、周囲の子分たちを、小指のかすかな動きで従わせることのできた男。彼が必要としたのはそれだけだった。小指をひょいと立てる。そうすれば誰かが死んだ。そしていま、彼の目はラジオから上にそれて、家の外の、きわめてイングランド的な芝生の緑の広がりを見る。そして突然、故国から離れて異国にいることの意味を思い知るのだ。異国とは、見るものすべて馴染みがなく、敵意に満ちていて、追跡者と死者が門前に群がっている、そういう場所なのだということを悟るのだ。

これは、わたしだけの、ばかげた夢想だ。将軍はBBCを聞かない。おそらく英語を一語も理解しない。亡霊たちに悩まされることもない。しかし、これは、わたしが自分に納得させるためのわたしなりの方法なのだ。わたしはこう思いたいのだ。——たとえ、いずれかの法廷によって、彼がすぐに釈放されることになろうと、彼の味わった測りがたいまでの絶望の思いは、誰もわれわれから取り去ることはできない。これは彼に科せられたペナルティだ。われわれがひと月前にどんなに想像をたくましくしてみても思い及ばなかったほどのペナルティ。それを彼はすでにあたえられているのだ。

だから、わたしは毎日、夜明けに目覚め、ラジオを聞く。不完全な、損なわれた宇宙、悪がめったに罰せられることのない宇宙。その宇宙に、わずかながらバランスが回復されているのだと感じ、ささやかな喜びをかみしめる。

しかし、もしわれわれが負けたらどうなのか?

これは修辞上の疑問ではない。いままさに、わたしはラジオでニュースを聞く。──きょう、一九九八年十月二十八日、イギリス高等法院は、三対〇で、次のような決定を行なった。「ピノチェト上院議員は、たとえ大統領職にあるとき殺人行為を行なったとしても、元国家元首として免責特権を有する。スペインの二通の逮捕令状はどちらも違法であり、それゆえ引渡し手続きを進めることはできない」。

ラジオはさらに言う。この決定は、ガルソンの弁護士たちによって、即座に上院に上訴されるだろう。そしてわたしは、脅えとともに考える。この展開によって、たぶん、独裁者たちは以前よりも責任追及から逃れやすくなるだろう。たぶん、これらの暴君たちを狩り立てる運動は後退を余儀なくされるだろう。たぶん、ピノチェトは逃げ延びた圧制者として歴史に名を残すだろう。

一九九八年十一月

実のところ、ピノチェト将軍はいま初めて裁判にかけられるわけではない。彼の現在の苦境があるのは、この長い年月、われわれが彼を裁判にかけてきたからである。われわれは、心の中で、希望と夢の巨大な深奥部で、彼を裁いてきたのだ。チリ人であれ外国人であれ、彼に反対する者はみな告発の声を緩めることはなかった。クーデター以来ずっと、心の中で、彼に質問を——実際には尋ねることのできない質問の数々を、投げかけてきた。もっとも、最後には黙り込み、彼が責任を問われることなどあり得るはずがないという悲しい現実を受け入れ、これはチリが自由を回復するために払わねばならない代償なのだとあきらめてきたのだが。

わたし自身について言えば、わたしは、この裁判を切実に求めていた。その思いに駆り立てられて、それを予見するものを、一つの戯曲のかたちで描いた。主人公は一人の女性、パウリナだ。チリと非常によく似た独裁政権の下で、彼女はある医師に陵辱され拷問された体験を持つ。その仇敵が、偶然、彼女の海辺の家に入ってきた。彼女の国の新しく選ばれた民主主義政府には彼を裁くことができない。彼女は、男を椅子にしばりつけ、裁判官兼処刑者として行動することを決意する。わたしはパウリナに思う存分にふるまわせた。彼女に、わたしの言いたいことを言わせた。われわれの非常に多くがチリの屋根の上から叫ぶであろうことを彼女に叫ばせた。もしわれわれが自分たちの欲求をおし殺していなければ、もしわれわれが、声を上げたりするとこの国の移行を不安定化させるのではないかと思うのでなければ、もしわれわれが過大な要求をして軍部を怒らせまたしても罰せられるのではないかと恐れるのでなければ、言うであろうことを、彼女に発言させた。

わたしの想像力は奔放だった。わたしは、昨日の逃亡者が今日の追跡者になるような、裏返しであべこべの社会を書くのが好きだった。それなのに、作者が書きたいことを書けるはずの戯曲の中でさえ、わたしは、しぶしぶパウリナを、彼女の欲しない、わたしの欲しない結末に向けて、突き進ませていたのだ。とはいえ、その結末は、現実に彼女を待ち、チリの民衆を待っているものにほかならなかった。わたしの主人公は、自分にできる範囲の正義を実現しようと試みたものの、結局のところ、あるコンサートホールで、自分を回復不能なまでに破壊したと彼女が思っているその医師と、不気味なほど間近に着席することになる。同じ空間、同じ音楽、同じ平和で惨めな偽りの国土を、彼女と彼の双方が共有するのである。『死と乙女』[★12]において別の結末を描き出すことは、わたしにはできなかった。パウリナにはできなかった。わたしの国の悲劇は、また非常に多くの世界中の不安定な民主主義国の悲劇は、殺人者たちや暴行者たちを裁判にかけられなかったことだった。それはわれわれが署名した協約だった。われわれが到達したコンセンサスだった。われわれの曖昧な自由は独裁者の影との共存にかかっている。われわれはそう考えた――そしてそれはたぶん正しかった。しかし、彼の影との共存だけではなかった。彼の脅迫、われわれの記憶を彼が消し去ること、彼がパウリナのような人間を沈黙させ無視し排除すること、そういったこととの共存だった。終身上院議員という彼の身分（一九七三年の権力掌握時には、彼は上院を閉鎖したのだったが）との共存だった。

これが、われわれについての真実なのか？　抵抗はピノチェトを打倒するほどには強くなかったという悲しい事実。そして、それにもかかわらず、われわれは国を統治不能にし交渉によって彼を辞任に追い込むことができたという栄光ある事実。これがわれわれの真の姿なのか？　否定できないがゆえにわれわれが受け入れなければならない真実はこうだ。――ピノチェトを崇拝し軍を支配し経済的パワーのほとんどを掌握しているこの国の大きな少数派は、もしピノチェトの身に何事か起これば暴力的に反応するだろう。

この残酷な真実は、あの戯曲の中で、パウリナの夫ヘラルドによって宣言される。自分の妻を強姦したかもしれない医師を弁護し、彼女に彼の命を奪うなと嘆願する人権弁護士。人格者であるが何か欠落した男。ヘラルドは自分の国にこれ以上災厄が起きないことのみを求めているのだ。

そしていま突然、その真実が炸裂した。突然、われわれのできなかったこと、われわれが欲求しかも同時に恐れていたことが、起きた。外国の人々の努力によって、パウリナが自宅でひそやかにやろうと企てたことが、成し遂げられたのだ。これで祖国も炸裂し変化するのだろうか？

こんなことを、わたしはいま考えている。わたしは、ひと月足らず前のピノチェト将軍逮捕以来初めてチリに帰るための旅の途中である。友人のアントニオ・スカルメタ（『イル・ポスティーノ』の著者として知られる）とともに、南アフリカとオーストラリアの作家たちとの会議のホスト役を務めることになっているのだ。この作家たちは、南の国々を結びつけるもの、北方から遠く離れたところでわれわれを結びつけている深く微妙な紐帯を見つけるためにチリを訪れる。一年以上前にこの「〈深南部を書く〉会議」の原案を作ったとき、われわれは、ピノチェトがロンドンで軟禁されていて国が騒然たる状態にあることなど、夢想もしなかった。われわれは、ナディン・ゴーディマ、ピーター・ケアリー、アンドレ・ブリンク、ヘレン・ガーナー、ゼークス・ムダ、ウォリー・セローテといった人々に、これからどういう方向に進むのか、われわれ自身見当もつかない国を、見せなければならないことになりそうだ。

われわれは何を見つけるのか？

われわれは数多くのパウリナたちの言葉に耳を傾ける用意があるのか？　この長い年月、われわれは、子どもたちを監禁して自分の思いをしゃべらせない悪い親のような独裁者との間に嗜癖的関係を結んできた。この関係を、きっぱり断ち切ることができるのか？　もしわれわれが声高に発言しはじめたら、それほど遠くない過去にチリを引き裂いた勢力が戻ってきて、以前を上回る凶暴さで襲いかかり、移行を破壊することになるのだろうか？

過去、わたしがこれらの質問を自分に問いかけるたびに、ピノチェトはいつもそこにいて、質問に答えた。彼はいつもそこにいた。われわれがなし得ることとなし得ないことを区分する境界線の上、万事を取りしきる暗黒で毒気ただよう奥の院にいた。

しかし、いまや彼ははるかかなたで拘束され、われわれはわれわれだけになっている。

今度は変わるのだろうか？

＊

わたしはピノチェトに近づこうと努めていた。彼に迫ろうとしてきた。しかし、その近さには危険がある。事実、彼に近づきすぎることは命取りになるかもしれないのだ。

ホセ・トアの場合を見てみよう。

わたしはいつもトアを、チリ最良のジャーナリストの一人として、賛美していた。一九六〇年代に、妻のアンヘリカとデートし始めたころ、トアが彼女にとって叔父のような存在であること、彼女の父親の親友であることを知って、喜んだ。アンヘリカの話によると、ホセは彼女を膝に乗せて物語を語ってくれたという。わたしはそのシーンを思い描くことができた。小柄なアンヘリカは、子どものときはもっともっと小さかっただろう。そしてホセ・トアは極端に背が高かった。チリ人にしては、という意味でなく、本当の意味で、のっぽだった。しかも、ひどく痩せていた。それに山羊ひげ、ゆっくりとした落ち着いた立ち居振る舞い。そのせいで、彼は奇妙にドン・キホーテに似ていたのだった。もちろん、こうしたことだけが、彼についてのアンヘリカの記憶ではなかった。彼女がよく覚えているのは、彼女の父親と一緒に長い時間を過ごしているトアだ。彼女の父親もジャーナリストだった。二人は、際限もなくコーヒーを飲み、政治を論じ、ある自由なチリの新聞社の仕事をし、解放されたチリを夢みていたのだった。

トアは、以前とはいささか異なるかたちでこの国の夢の実現に奉仕することになる。一九七〇年、サルバドル・アジェンデによって内務大臣に任命されたのである。内務大臣は、大統領が海外に出たときには副大統領を務めなければならぬほどの、内閣における最重要ポストである。後に、トアは、一年半にわたり、国防大臣というデリケートな役割を引き受ける。この関係で、彼はピノチェト将軍およびその妻ルシアと知り合いになり、やがて、トアとその妻モイは、アウグストとルシアを自分たちの友だちだと思うようになったのだ。事実、一九七三年七月十日、クーデターのわずか三ヵ月前、トアが国防大臣の職を辞したとき、ピノチェトは、彼に手紙を送り、ルシアが旅行から戻ったら、ぜひとも四人で集まりたいものです、わたしたちの友情はいつまでも変わりませんと、ホセとモイに誓ってみせたのだった。

この友情のゆえに、ピノチェトがかつてトアの子どもたちにあたえたプレゼント（小さな男の子には鉛の兵隊たちだった！）のゆえに、四人が共に過ごしたいくつもの宵の思い出のゆえに、モイは、将軍に会いに行ったのだ。場所は、ディエゴ・ポルタレス・ビルにある彼の執務室。時は一九七四年三月半ばのある日のことだ。たぶんピノチェトのその友情を信用して、ホセ・トアは、六ヵ月前、クーデター当日に、自分から、反乱軍のもとに出頭していた。そしてそれ以来、アジェンデ政権の他の前閣僚たちとともに、パタゴニア海岸沖の、風吹きすさぶ寒冷不毛のドーソン島に送られていた。彼らはそこで苛酷な扱いを受けたが、とりわけトアは他の誰よりも虐待された。そのせいで彼は重い病気になり、近くのプンタアレナスの病院に入院、その後、飛行機で移送されてサンティアゴのある軍事施設に収容された。モイは、夫がきわめて危険な状態にあることを知らされていた。彼女はすでに、クーデターの数日後に、ピノチェトに会っていた。しかしそのときには——この出会いについては、追って本書の中で叙述されるだろう——、彼女は、二人の前閣僚の妻たちと一緒だった。他の人たちがいたので、彼女は、彼らをいまだ結びつけているかもしれない友情のきずなについては、何も言わなかった。いまや、なんとしてもホセを救おうとして、彼女は、個人的な面会を求めようと決意していた。そして驚くべきことに、わずか半日の遅れの後に、ピノチェトとの会見が認められたのだ。

何年も経ってから、モイはわたしに、その出会いの物語を話してくれた。そのとき、わたしはノートをとらなかった。だから、次に示すのは、彼女がわれわれの共通の友人――たぶんラテンアメリカにおける最も敏腕で不屈のジャーナリスト、メキシコのフリオ・シェラー・ガルシア――に語った話に基づくものである。

「彼は愛想が良かった」とモイは回想する。「『マダム、ご用は何ですかな？』と彼は言った。隔たりと敬意を表わす第二人称ウステ〔Usted〕を使っていた。『失礼でございますが』わたしは、同じウステを使って答えた。『わたしは、軍事評議会の議長にお会いしに来たのではありません。長い間の知り合いであるアウグスト・ピノチェト氏にお会いしに来たのです』。それから、わたしは、より親しみのこもった第二人称トゥ〔tú〕に切り替えた。

『わたし、あなたにお願いに来たの。夫をすぐ返してちょうだい。彼は体を壊している。いろいろ問題があったらしいの。いまは、医師の許可もなしに、病院から運び出されている。どんな深刻なことが起きても不思議じゃない状態なの。わたし、彼に会わなくては。一緒にいてあげなくては。彼をわたしに返してちょうだい』

「ピノチェトは、わたしと同様にトゥを使って答えた。『そういうことを頼まれても困るんだな。わたしには、どうにもならないことなんだ。どうも、空軍が、あんたの夫に対して何かの告発事由を持っているらしい。ところで、感謝してもらいたいな、モイ。あんたは、わたしに会見を申し込んで、十二時間でそれが同意されたんだからね。他の連中はみんな、わたしが会うまで何ヵ月も待ち続けているんだ。それを考えてほしいな』

「わたしは彼をしげしげと見つめた。『あなた、わたしの家に来るのに一度だって会見を申し込んだりしなかったじゃない。あなたは来たいときに来て、歓迎されたわ。わたしたちはあなた方ご夫妻の友人だった。わたしたち、あなた方もわたしたち夫婦の友人だと思っていたのよ』

「ピノチェトは室内を歩き回っていた。『わたしは何も約束しないぞ』と彼は言った。『そうだ、トアはわたしに親切だった。あんたもそうだった』。しかし、それから彼は大声になり、アジェンデの未亡人テンチャが市民権を剥奪されるだろうというようなことを言い始めた。時々、水を飲んでは、ひどく声高に叫んでいた。

「わたしは尋ねた。『あなた、なぜそんな風に叫んでいるの？　あなたの声を聞くのは、テレビで聞くのも含めて、久しぶりだけれど、ちょっと声が大きすぎるんじゃないかしら』。彼は答えた。『あんたはうちの女房にそっくりだ。彼女は、わたしが一日中叫んでばかりいると言うんだ。しかしわたしはもう老人だ。叫び続けるしかないんだ。いまさら変われはしないのだ』。わたしは言った。『六ヵ月前、あなたはいまと同じぐらいの老人だった。でもあなたは感じのよい《シンパチコ》老人だった。いまや、あなたはただの不機嫌な《グルニョン》老人だわ』。すると彼はわたしを見てほほえんだ。ほんの少しだけわたしの知っていたかつてのピノチェト将軍を見たような気がした。

「面会時間が残り少なくなっていく。わたしは懸命になってホセの状況を説明しようとした。『もしわたしが何かするとすれば』とピノチェトは言った。『それは、あの小さな男の子のためだ。あの子には父親が必要だからね』。わたしは答えた。『その小さな男の子の面倒はわたしが見ます。わたしは彼の母親なんですから。もしあなたが何かをするとすれば、それは、ホセが素晴らしい人間であり、あなたの友人であることを、あなたが認めるからです。もしあなたが何かをするなら、それはあなたが彼を尊敬しているからです』

「ピノチェトは歩き回り続け、語り続けた。『わたしは何もできない。何も約束できない』。何の進展も得られないので、わたしは彼に、もう帰りますと言った。すると、彼は答えた。『いいかね、わたしにできることは、裁判を急がせることだけだ。事態があなた方にとってより容易になるように、検察官に言っておこう。ご主人に会えるように取り計らおう』」

これが、モイがピノチェトに会った最後のときだった。――約束を守らなかった古い友人に。二日後、彼女は、ホセ・トアが自殺したと知らされた。監禁されていた国軍病院の独房の中で、自分のベルトで首をくくって死んだという。

モイはそんな話を信じていない。

ホセ・トアは極度の栄養失調状態だった。死んだときの体重は四十六キロしかなかった。自殺をするだけの体力を奮い起こすことは出来なかっただろう。しかも、入れられていた独房よりも背が高かった。だから、その場所でうまく縊死することなど不可能だったのだ。

辻褄の合わないことばかりだ。だから、ホセ・トアの死の真相をどうして知ることができるだろうか？

アンヘリカは知っている。アンヘリカは、わたしが告げるや否や、知った。あの夜、あの三月の夜、わたしたちが泊まったホテルの部屋で、あの亡命の旅の宿で、わたしが、トアが死んだと告げたとき、彼女はすぐに真相を知った。

六ヵ月というもの、アンヘリカは、故国が——そして彼女の生活が崩れていくのを見てきた。彼女は、自分のさまざまな希望が潰え去る中で生き抜いてきた。家族の離散に耐え、敬愛した大統領の殺害に耐えてきた。姿を消した友人たち、投獄され、殺害され、追放された友人たちの物語を繰り返し繰り返し聞いてきた。そして、一滴の涙もこぼさなかった。本当に、一滴もだ。極度のトラウマを生き延びた多くの人々のように、彼女はそのトラウマを心の隅に抑えつけてきた。自分の感情に押し流されないよう、努力してきた。

しかしながら、トアのことを聞いた瞬間、抑制がはじけとんだ。——彼女は嗚咽し始めた。その突然さと激しさに、わたしは驚くばかりだった。彼女を揺さぶる悲嘆に手をほどこすすべもなく、わたしは途方に暮れた。泣きじゃくりながら、彼女は何度となく言い続けていた。「ロス・バン・ア・マタール・トドス。ロス・バン・ア・マタール・トドス」——みんな殺されてしまうんだわ、みんな殺されてしまうんだわ。

しかし、ひとつの謎が残る。なぜホセ・トアが、わたしの出会った中で最も穏やかな人物の一人が、まさに武勲を誇る軍人に期待されるような資質を持つ男が、殺されなければならなかったのか？

容易には理解できないことだ。しかし、彼に死を宣告したかもしれないものを、推し量ることはできる。ピノチェト将軍は、自分について多くを知っているすべての人間を抹殺したかったのだ。

なかでも、自分がアジェンデの閣僚たちに微笑みかけているのを目撃した者、自分の手が閣僚の妻たちにワインを注いでいるのを見た者は許せなかった。その姿を見るたびに自分の破った忠誠の約束を思い出させる男は生かしておけなかった。

これが、ホセ・トアが殺害された理由だと、わたしは思う。

彼は、ピノチェト将軍に近寄りすぎるという誤りをおかしたのだ。

*

イタリアの通信社ANSAが、同社マドリード通信員モニカ・ウリエルの一九九八年十一月五日付け記事を配信している。バルタサル・ガルソン判事がピノチェトのために用意している質問の詳細を報じたものだ。ガルソンはぜひともこれらの質問をピノチェトにぶつけたいのである。まず、殺害された農夫、労働者、学生たちのリストが続く。クラカビで五件の処刑、オソルノで十三、ジュンベルとラハで十九、パイネで十八、ピサグアで六、バルディビアで二十二、カウケネスで四、ムルチェンで十三、サン・ベルナルドで九、そしてラ・セレナ、コピアポ、アントファガスタ、カラマで合計七十二人の政治囚の殺害……。ガルソンはそのあとこう続けるだろう。

——どのようにして、あなたはこれらの人々を処刑せよとの命令をあたえたのか？　もしあなたが述べていたように、彼らと戦争状態にあったのなら、そして、公然たる軍事行動を伴なう戦闘計画に従って行動していたのなら、なぜ、あなたはジュネーヴ条約を適用しなかったのか？　これらの処刑を実行せよとの命令をあたえたとき、あなたは、どのような指揮系統を用いたのか、それは通常の軍の指揮命令系統だったのか、それとも、秘密警察DINAによって管理される、別の準軍事的命令系統だったのか？　そしてあなたは、いつDINAを創設したのか？　この組織は、あなたの秘密警察の長官だったマヌエル・コントレラスが昨年証言したように、あなたの直接の監督下にあったのか？　どの人物を拉致するかを決定する指揮構造はどのように形成されたのか？　そしてDINAはどのようにして、アルゼンチン、パラグアイ、ウルグアイと連携したのか？　とりわけ、コロンボ作戦（チリで行方不明となった一一九人のチリ人の遺体がアルゼンチン領内で発掘され、アルゼンチン人の遺体であると発表されていた）のような行動において、アルゼンチンの提督エドゥアルド・マセラとは、どのように協力したのか？　さらにコンドル作戦に関連してだが、ローマに亡命中のチリ元副大統領ベルナルド・レイトンをイタリアのネオファシスト、リチオ・ジェッリとステファノ・デッレ・キアイエを使って殺害する企てがあった。一九七五年フランコの葬儀に参列した際、あなたはマドリードでこの二人と会っている。あなたは彼らに何を言ったのか？　このような繋がりは、直接、チリ本国の工作によって作られたものなのか、それともローマのチリ大使館を通して作られたものなのか？

質問はまだ続く。一九七四年十月、ブエノスアイレスで前陸軍総司令官カルロス・プラッツ将軍が暗殺された。プラッツが身に迫る危険を察知して早急にアルゼンチンを去りたいと言ったとき、なぜ、チリ領事館は、彼とその妻にパスポートを発給しなかったのか？　そして、ワシントンでオルランド・レテリエルの殺害を実行し、ローマとメキシコで未遂に終わったが殺人を企てた、同じ準軍事的工作員による告白に、あなたはどう答えるのか？　これらの工作員は、プラッツ将軍とその妻を殺した自動車爆弾事件も自分たちのやったものだと言っている。この告白に、あなたはどう反応するのか？

そして、ガルソンが用意している質問を見た人たちによれば、ピノチェトは、それから、前記マヌエル・コントレラスを筆頭とする五一〇名のチリ軍人のリストを渡されることになる。かつて陸軍総司令官であり、これらの軍人たちの昇進をみずから承認した男は、彼らを一人一人見分けられるはずなのである。彼らがそれぞれ、どの作戦を担当させられていたか、どのように命令を受け取ったかを、述べられるはずである。

わたしにも質問がある。かねがねピノチェトに訊いてみたかった、ガルソン判事のリストには含まれていない質問だ。

将軍よ、話してほしい。あなたは一九七三年九月十二日、タクナ連隊で何をしていたのか？　古いライフルの銃身を並べて作った壁を覚えているだろうか。柵のようになっていて、こちらは見られずに、隣の部屋の様子を見ることができた。その柵の向こう側のその部屋で、アジェンデ大統領の協力者たちが拷問されるのを、自分が見ていたことを、あなたは覚えているだろうか？　クラウディオ・ヒメノとエンリケ・パリスとホルヘ・クラインとホルヘ・バロスメとアルセニオ・ポウピン。あなたがアジェンデと毎日毎日連絡を取っているのを見ていた男たちが拷問されていたのだ。退役少佐エンリケ・クルス——彼は現在、チリ上院の警備隊の責任者だ——による非難に、あなたはどのように反応するのか？　彼は、その日、そこで、それらの男たちが拷問される様子を眺めているあなたを見た。ほんの二日前にはラ・モネダ宮殿で会い、あなたが笑顔を向けていた男たちが拷問されているのを、あなたは眺めていた。実際、その日、あなたがタクナ連隊の内部にいたという、退役少佐フェルナンド・レベコの証言を、あなたは否定するのか？　そして最後の質問。あなたは実際に、それらの男たちが拷問されるのを見る必要があったのか、それも祖国の幸福のためなのか？

祖国の幸福のため。

あなた自身の言葉だ。拷問を正当化するためのあなたの決まり文句だ。

一九七四年はじめ、ルーテル派のヘルムート・フレンツ監督と、彼のカトリックのカウンターパートであるエンリケ・アルベアル司教とが、ディエゴ・ポルタレス・ビルにある執務室にあなたを訪ねた。ディエゴ・ポルタレス・ビルは、巨大な建物だ。その三年前、世界の国々がサンティアゴに集まって、低開発諸国は、より繁栄している諸国との間の増大しつつある不均衡をどうしたら克服できるかを討論すべく国連貿易会議を開いたとき、サルバドル・アジェンデが開会を宣言した場所だ。あなたによって打倒される前に、アジェンデは、このマンモス摩天楼を、チリ・子ども宮殿に変えるという計画を練っていた。ラ・モネダが廃墟となったいま、あなたはこの建物をあなたの宮殿にしたわけだ。ともあれ、この建物で、あなたは、ようやっと、教派を超えたコミテ・プロ・パス〔平和のための委員会〕の共同議長である二人の聖職者、フレンツとアルベアルに引見を賜わった。チリの主要な宗教団体のいくつかが協力して、独裁の犠牲者を保護するために創設したものの、あっという間に、あなたによって廃止されてしまったその組織を、あなたは覚えているだろうか？

軍事評議会議長〔ピノチェト〕の突然の激昂癖はすでに有名だったので、二人の高僧は、彼を刺激しないよう、「拷問」という言葉を使わないことに決めていた。代わりに、「プレシオネス・フィシカス」――政治的囚人を圧迫するためにもたらされる「肉体的圧力」と言うことにしていた。しかし、まったく平然としてその不愉快な言葉を使ったのは、あなた自身だった。あなたは、全国の数百の拘禁センターでの出来事を苦痛なまでの詳細さで叙述している分厚い報告書に、注意深く目を通した。フレンツとアルベアルが、自分たちの用件について婉曲な言い方で説明しようとしたとき、あなたは二人をさえぎった。

彼らが「プレシオネス・フィシカス」について語り始めたとき、あなたは「拷問のことかね？」と言ったのだ。

フレンツとアルベアルがうなずくと、あなたは再度はさえぎらず、彼らの不満の連祷が続くにまかせた。このような行為は停止されるべきであるとの彼らの要求を、あなたは静かに聞いた。その次は、あなたの話す番だった。「いいかね。あんたがたは聖職者で、教会で働いている。あんたがたは、哀れみ深く情け深いという贅沢を自分に許すことができる。しかし、わたしは軍人だ。国家元首として、チリ国民全体に責任を負っている。共産主義の疫病が国民の中に入り込んだのだ。だから、わたしは共産主義を根絶しなければならない。最も危険な共産主義者は、極左のＭＩＲ（モビミエント・デ・イスキエルダ・レボルシオナリオ。革命的左翼運動）の連中だ。彼らは拷問にかけなければならない。そうしない限り、彼らは自白しない。わかってもらえるかな。拷問は共産主義を根絶するために必要なのだ。祖国の幸福のために必要なのだ」

　それからあなたは立ち上がって、二人の聖職者にドアを示した。ヘルムート・フレンツ監督はふたたびあなたに会うことはなかった。しかし、あなたは、彼が決して忘れなかったと同様に、その会見のことを忘れなかったに違いない。あなたは後になって、——あれは失敗だった、わたしが知っていることを、彼らに知られるべきではなかった、と考えたのではないか？　それとも、あなたはただ、そんなことなど気にしなかっただけなのか？　ともあれ、あなたはフレンツ監督に最後のメッセージを送った。彼にもう一度、自分の意思を伝達した。一九七五年六月、コミテ・プロ・パスを廃止することを決意した折に、あなたは一通の命令書に署名した。ドイツ生まれのフレンツ監督を放逐せよという内容のものだった。あなたは、彼をチリから消し去ってしまいたかったのだ。

　しかし、あなたのそれらの言葉はここにある。あなたが消し去ることのできない未来において、あなたを待っている。あなたが、ガルソンの投げかける質問を消し去ることができないがゆえに、それらの質問の一つ一つに、あなたはすぐ、反応しなければならないだろう。それらの質問は、われわれチリ人が二十年以上も問いかけるのを待っていた質問である。そしていまや、われわれの非常に多くが希望しているように、ようやく、一つ、一つ、また一つと、答えられ始めているのだ。

＊

彼が呼吸する空気を呼吸しなくてもいい。こんなことは何十年ぶりだぞ、と、わたしは自分につぶやく。将軍がいない、行ってしまった、不在だ、――まったく久しぶりのことだ。わたしは、マントラのように、ほとんど祈りのように、つぶやき続ける。まるで、そのことを懸命に考え、懸命に念じてさえいれば、歴史の中のある時点に戻れるかのように。わたしが彼の声を電話線の向こうに聞く前の、われわれの誰もがあの名前を、アウグスト・ピノチェトという名前を、ほとんど知らなかったあのころに戻れるかのように。

しかし、一九九八年十一月半ば、帰国したわたしを迎えたのは、困惑させるようなパラドックスだ。ピノチェト将軍は、身柄を拘束されてロンドンにいる今ほど、この国のいたるところで息づいていたことはない。彼は、いまだにわれわれの存在のまさに核心、中心にある。肉体的に不在である今こそ、彼はいっそう実在感と重要性を増している。これはピノチェト将軍にとり憑かれた国である。彼の釈放を要求する、愛国的な旗の張られた一千もの窓。その窓の一つ一つから彼の写真がわたしを追い立てる。新聞紙面から、彼の目がわたしを詮索する。(ある右派新聞は、彼の生涯についての特集版の中で「今世紀の最も重要なチリ人」と宣言する)。壁という壁に、彼の名が塗りたくられている(「ピノッチョよ――おまえの罪は国境を持たない」などというのもある)。誰もが彼の裁判のことを口にする。出会う人のすべてが、彼の未来を論じる。まるで自分の未来であるかのように、まるで宇宙に他のテーマはないかのように。遠く離れた、年老いた、病身の将軍が、われわれの夢の中に、欲求の中に、かつてないほどに、絡みつき、まとわりついている。われわれの心の中に浮遊し、われわれを分断している。右派と左派が共存することを決意し、民主主義がチリに戻って以来、克服されていると思われていた方法で、国民を引き裂いている。国民の一部は、今回のことを民族の誇りと独立への侮辱であるとして憤激している。より大きな部分は、ピノチェトの逮捕を、長く未払いだった借財がようやく清算されたようなものであり、一種の神罰だと見ている。中間にある多くの人々は、不安定な、どちらともいえない気持ちにさいなまれている。彼らの感情は、彼を裁判にかけたいと言っている。ところが彼らの理性は、民主主義が掘り崩されるのではないか、わが国の運命にかかわるそのような重大問題が、マドリードやロンドンといった、よその土地で決められようとしているのは心配だ、とささやいている。わたしは、同様の不安の感覚を、毎日のセレモニーの間、夜明け前の暗闇の中でBBCニュースを聞きながら、感じていた。その究極的運命が、スペインの判事たちや、イギリスの警察、イギリスの内務大臣（彼が青年時代のユートピア的理想にいまだ忠実であるかどうかは明瞭でない）の判断にかかっている国。ここには、基本的に不健康な、病的な何かがある。われわれは、主人公というより被害者なのだ。われわれは、永遠にピノチェトの悪意ある影と共に生きなければならないという危険を冒している。彼の遺産を一掃することができず、われわれ自身の国で、われわれ自身の言語で、彼と対決することができずにいる。

ここの人々は生活と折り合いを付けようと努力している。しかし、それは容易なことではない。つい先日、オーストラリアと南アフリカの作家たちとの会議の合間を盗んで、しばし、妻とふたりサンティアゴの中心部をそぞろ歩いた。ドラムをたたく大きな音が聞こえ、遠くに、赤い横断幕が暖かい春の微風に揺れているのが見えた。ピノチェトのイギリスからスペインへの引渡しを要求するデモ行進だろうと思った。そうではなかった。百人ほどの学生が、中世の道化のようなよそおいをし、顔をありとあらゆる色に塗りたくって、パレードしているのだった。何人かは、ひどく丈の高い高足に乗っていた。学生たちは、サンティアゴの目抜き通りを行く人々に、大学劇場のフェスティバルを見に来てほしいと呼びかけていたのだ。いわば、エディンバラ・フリンジ★13のサンティアゴ版である。わたしは、彼らの、飛び跳ね、曲芸をし、道化を演じるさまを愛した。彼らの踊りは生きる喜びにあふれ、やや謹厳なチリの公共空間を、カーニバル的芸術の祝祭の場に変えていた。

しかしながら、彼らが通り過ぎたとき、彼らの後ろ二十ヤードも離れずに、もう一つのグループが現われた。同じセメント舗装の上を、ゆっくりと粛然と行進していた。行方不明者の母親や娘や妻たち、裁判なしに処刑された囚人の遺族会、拷問反対運動の人々だった。わたしがこの二十数年目撃し続けてきた女性たちである。毎日、記憶の炎を燃やし続け、殺害され傷つけられた愛する者たちを忘れることを望まず、これらの愛する者たちに対して、この同じ都市のどこかの滑りやすい忌まわしい穴倉でなされたことを告発してきた女性たちである。彼女たちは、この日を待っていたのだ。彼女たちをあざけり、侮辱し、逮捕し、殴打し、自分の行為について詫びることを拒否した男、その男が自分の行為について償いをしなければならない日を。彼女たちはこの日を待っていたのだ。彼女たちがピノチェトを自由に非難でき、ピノチェトが彼女たちの存在を自由に無視できなくなる日を。彼女たちは静かに歌いながら、手と手をつなぎ、死者たちの写真をドレスにピンで留めて、街路を進んでいた。彼女たちは、わたしと、わたしの周囲の、買い物をしている、アイスクリームコーンを舐めている、映画を見ようとしている傍観者たちに、思い起こさせていた。――ドラムを叩き口笛を吹いてこの街路をにぎやかに通過したばかりの陽気な色とりどりの大学生たちと、これらの忘れることを拒む女性たちの耐え難い苦痛、この両者の間には、深淵がある。結びつけ橋をかけなければならない記憶の隔絶がある……。チリは、エネルギーと明るさに満ちた若者たちのようなノーマルで素晴らしいものが、埋葬されることを拒否するトラウマ的過去によって挑戦されている国である。この国に生きるわれわれは、まさにこの国で破壊しつくされた生活が承認されない限り、生活と折り合いをつけることはできないのだ。

　これら二つのチリの間の距離は大きい。この国が、独立した統合された国になる前に、われわれは、いかに遠い旅路を歩まなければならないことだろう。そしてこの隔たりを、いっそう広げ、いっそう複雑にするような出来事が、すぐあとで起きた。第三のチリの出現である。行方不明者の母親たちの厳粛な行進に見入っていたわたしを、押しのけるようにして通った中年の女性が、低い声で、しかし近くの人々に聞こえるほどの大きさで、こう言ったのだ。「共産党の屑どもめ！　メンティローソス〔嘘つきどもめ〕！　やつらをもっと殺しておくべきだったよ」

　ここにピノチェト将軍の支持者がいた。疑いもなくピノチェトの中に祖国の救済者を見ている人、自由市場チリの基礎をつくった人物を投獄するなどという考えに憤激している人。彼女は、極度に口うるさく騒々しく、頻繁に街頭に繰り出している右翼少数派の一員だ。吐き捨てるようなその口ぶり、全身で表わしている硬直した怒り、独裁犠牲者たちの体験など絶対に理解しようとしない感受性の欠如。わたしの心に、七〇年代初期、サルバドル・アジェンデの民主主義政権に反対するファシストたちの最悪の抗議行動のあれこれがよみがえってきた。胃の中で恐怖が凝結し重苦しくうごめくのを感じた。わたしは、その怒りが何をなし得るか、どんな事態を引き起こし得るか、を見てきた。ピノチェト支配の長い年月が思い出されてきた。それは、この好戦的な女性のような人たちがみな権力を持ち、自分たちはやりたいことを何でもでき、しかもなんら責任は問われないと信じていた時期だった。将軍はこうした人々のアイデンティティの要であったし、今日でもいまだにそうなのだ。

チリには彼女のような人が数多くいて、ただならぬ影響力を及ぼし続けている。彼らは、もしピノチェトが無事に帰ってこなかったなら国を麻痺させるぞと、脅している。芸術家や政治家たちに死の脅迫状を送り、もし彼らのヒーローが海外で死んだならば流血事件が起こると警告している。イギリスとスペインの大使館の前で何時間にもわたって悪罵を連呼し（ゴミ屑も投げつけ）、自分たちこそ、外国の侵害、そして、そう、滑稽に聞こえるかもしれないが、外国の植民地主義に対する国家の擁護者であると称している。経済界、軍、議会にいる彼らの一味は、チリ政府にさまざまな圧力をかけている。もっと努力を尽くすべきだ、大使たちを召還すべきだ、ピノチェト将軍の外交特権による免責だけでなく彼の無罪を主張すべきだ……。等々。

これが、エドゥアルド・フレイ大統領の民主的な中道左派政権が航行していかなければならぬ波騒ぐ水域である。それゆえに、われわれの眼前には、不条理な光景が展開する。ピノチェトによって迫害され追放された男たち、心の奥底ではピノチェトが懲らしめられここチリで裁判にかけられるのを何にもまして望んでいる政府関係者たち――その中にはわたしの最良の友が二人いる！――が、あろうことか、ピノチェトを擁護し、チリが自国の問題をみずから処理することの必要性を論じているのだ。これらの人々は、国を統治可能にしたコンセンサスを生き続けさせようと努めている。引き裂かれそうな国の統一を維持しようと努めている。彼らは、チリの判事ファン・グスマンがゆっくりとしかししぶとく続けている一連の捜査に、不快そうな目を向けている。この捜査の中で、ピノチェトは人々を拷問し行方不明にしたかどで告発されている。これはまだ、いかなる起訴にも至っていない調査の段階であり、率直に言って、わたしは（ほとんどのチリ人と同様）、これが何かの結果を生むとは思っていない。陸軍は決して、愛する首領がチリの法廷で辱められることを許さないだろう。いちばんうまくいった場合でも、陸軍は、彼を軍事法廷で裁くべきだと主張するだろう。そうしておいて、無罪の判決を下すのだ。そのうえ彼は、終身上院議員として議員免責特権を持っている。

いま描き出したような複雑な状況を考えれば、（独裁期の犯罪の右派共犯者だけでなく）多くの著名なチリ人が、次のように言うのは不思議ではない。――イギリス高等法院は、ピノチェトは送還すべきであるという最新の決定において、実際に、チリが、これまで順調だった民主主義への移行を継続することを助けているのだ。スペインの判事ガルソンとイギリス政府は、われわれの歴史に干渉し、われわれの平和を搔き乱すことをやめるべきだ、と。

わたしはこれに同意しない。外国での拘束は、われわれに、わが国の最近の歴史についての最も深い真実を思い出させる。われわれを平手打ちして、われわれが目をそむけていた真実を認識させる。――われわれはピノチェト将軍の人質であったし、いまもそうであるという真実を。

この状況を変える時が来たのだ。犠牲となった市民グループには、自分たちを襲った惨害を忘れるよう要求し、一方、同じチリ人に被害をもたらした特権的で下劣な支配的市民グループには、許しを乞うことを要求しない。この偽りの和解を変えるべきなのだ。この国家的危機は、われわれの移行過程が、実際にはいかに脆弱であり不安定であったかを明らかにしている。もし外国の友人たちがわれわれの内部問題に介入したのであれば、それは、われわれがそれらに、自分たちで介入しなかったからだ。もし彼らがわれわれに被害者たちの体験した恐怖を思い出させることができるなら、それはわれわれが一つの国家として、その恐怖を十分に覚えていないからだ。もし彼らがピノチェトを裁くのは合法的だと信じるなら、それは、われわれがあえて彼を裁こうとしなかったからだ。そして、われわれは明らかにチリ人判事による裁判を必要としているが、わたしの思うに、そのような公的な裁きに先立ちそれを用意するかたちで、あるいはそれと並行しながら、もっと初歩的で基本的な種類の、われわれ自身のヒューマニティの検証がなされなければならない。一つのコミュニティとして、われわれは、われわれの過去と向き合わなければならない。過去を裸に剥かなければならない。たとえそれがわれわれを震えあがらせ苦しめようとも、だ。われわれは互いの目を見つめあい、われわれが隠していた真実を互いに告げあわなければならない。同国人の苦しみに接して感じた喜びを語らなければならない。われわれの恐怖をさらけださなければならない。傷つけられた仲間たちの痛苦を生活の中に取り入れなければならない。われわれの生きてきた悲劇の責任に決着をつけなければならない。無実の人々を殺した者たちは公職と軍から追放されるよう要求しなければならない。そして、これは、少なくともわたしにとって、すべてのうちで最も困難な義務かもしれないものだが、わが国の歴史において、ピノチェト将軍がいかに大きな存在であるか、いかに、われわれのアイデンティティにおける深く恐ろしいものを代表しているかを、認識しなければならない。これが、諸外国、突然わが国の生活にとって中心的となった諸外国が、われわれに告げていることである。チリはなんとしても道徳的強さを見つけなければならない。それによって、民主主義への移行を真に完成させなければならない。

これは、あまりにもしばしば延期されてきた緊急の仕事である。もし、わたしたちが、今とは異なったたぐいの国――サンティアゴの目抜き通りを人生への愛を表現しながら踊り跳ねて進む若い学生たちの後に、行方不明者や死者の家族の悲しみの足取りが続くようなことが二度とふたたび起きないような国――を欲するのなら、すぐに取り組まなければならない仕事である。ピノチェトをわれわれひとりひとりの心から引き抜き、彼を、もう戻ってくることのない恐ろしい記憶の一片に変えてしまう、そういう仕事である。

これは、誰もわれわれに代わってやることのできない仕事、イギリス人もスペイン人もわれわれに任せるしかない仕事である。将軍が外国に留まろうが、あるいは、サンティアゴに――彼が、まるでここを離れたことなどないかのように、重苦しく存在し続けているこの街に――送還されようが、われわれを待っている仕事である。

＊

イギリス上院が、五人の法官貴族の決定を聞くために、一九九八年のまさに十一月二十五日、まさにピノチェトの八十三歳の誕生日に召集されたということは、何かを意味するのだろうか？　それは、裁判官たちが、彼に、プレゼントとして自由をあたえるつもりだからなのか？　それとも彼らは、残酷ないたずらを思いつき、スペインへの彼の引渡しを拒否した高等法院の決定をくつがえすつもりであるがゆえに、彼の誕生日を選んだのか？

ウェストミンスターの堂々たる会議場の中には期待感がみなぎっている。法官貴族が次々に起立して、ごく簡潔に意見を述べる。同僚議員、弁護士、傍聴人、報道記者たちに、自分の判断の論拠を記した詳細な理由書面を参照するよう求める。

まず起立するのは、ハドリーのスリン卿だ。「みなさん」彼は言う。「ここに用意した書面に記載されている見解で述べた諸理由により、わたしは、被告は、元国家元首として、一九九八年十月二十二日の逮捕状の中で申し立てられている諸事項についての逮捕から免除されていると判断します。上訴を棄却します」

ピノチェトに一票。ガルソンにゼロ票。

しかし実際には、国家元首は外国の法廷では裁けないという思想に一票、人道に対する罪については管轄権の普遍化を確立しようという運動にゼロ票、ということだ。このような管轄権普遍化の願いは、スリン卿によれば、現段階では萌芽的であるに過ぎず、広く支持されたコンセンサスをもっていないのである。

次に発言するのはベリックのロイド卿だ。「わたしの意見によれば、チリ国家は、一九七八年の恩赦法、および普通法の条文に照らして、ピノチェト上院議員の免責を主張する権利があります。それゆえわたしは上訴を棄却します」

ピノチェトに二票。ガルソンにゼロ票。

ロイド卿は書面の中でこう論じている。もしピノチェトが裁かれるとするならば、ただ彼自身の国の裁判所においてか、あるいは特別にその目的のために設立された国際法廷においてのみ、裁かれ得るのであり、外国の裁判所においては、チリが国家免責を撤回しない限り（もちろんチリはそんなことをしていない）裁かれ得ない……。したがって、結局、彼を国際的に裁くことにはゼロ票、国家主権擁護に二票。

ピノチェトは、きょうチリに帰ることになるのだろうか？

バーケンヘッドのニコルズ卿が起立する。「書面に記しておいた諸理由により、わたしは高等法院の決定を破棄します。この上訴を認め、被告ピノチェト上院議員は、引渡しを含むわが国の刑事手続きから免責され得ない、と判断します」

ピノチェトに二票。ガルソンに一票。

書面に記されている意見の核心部分で、ニコルズ卿はこう説明する。「国際法の明らかにするところによれば、拷問と人質行為を含むある種の所業は、なんぴとが行なったとしても受け入れがたい行為である。これは、一般人にも当てはまるのと同様に、あるいはいっそう大きな度合いで、国家元首に当てはまる。これと反対の結論は国際法をあざ笑うものとなるだろう」。第二次世界大戦の終結とニュルンベルク裁判以後、「いかなる国家元首も、国際法によって人道に対する罪と見なされている行為に加担したならば、疑念の余地なく、潜在的な個人責任を有しているのである」

今度はスタイン卿の番だ。「お手元にあるわたしの見解に包含されている諸理由により、わたしは上訴を認めます。わたしの見解の趣旨は、法を正確に解釈するならば、ピノチェト将軍はいかなる免責特権も保持していないということです」

これで引き分けだ。二対二だ。

スタイン卿は、もともとは南アフリカ人であり、アパルトヘイトに反対していたといわれている。彼が強調しているのは、ピノチェトの弁護側の議論にしたがえば、ヒトラーさえも無罪放免となってしまうということだ。ヒトラーもその犯罪を犯したとき国家元首として行動していたのだから。「第二次世界大戦以来の国際法の発展によって、一九七三年のクーデター発生時までに、またそれ以降も、国際法は、(武力紛争の期間も平時においても)ジェノサイド、拷問、人質行為、人道に対する罪を、処罰に値する国際犯罪と見なしていた、と言って差し支えない」

すべての視線がレナード・ホフマン卿に注がれる。彼もまた南アフリカ生まれだ。口を開く前に一呼吸置く。ゆったりとした物腰。自分の意見が決定票となることを知っている。「わたしは、同僚裁判官、バーケンヘッドのニコルズ卿およびスタイン卿の見解の原稿を読むという機会に恵まれました。わたしは、ピノチェト上院議員は訴追からの免責特権を保持しないというお二人の意見に同意します。わたしもまたそれゆえ上訴を認めるものです」

目撃者によれば、議場のあちこちからうめくような声が上がったという。ホフマン卿は傍聴席の人々の方角に視線を走らせた。傍聴人たちも、議場のうめき声に応ずるかのように、一種押し殺したような声を発して、自分たちの喜びを表わしていたのだ。ホフマン卿は、今日の評決を決定づけた自分の判断の真の重要性を理解しているかのようであった。この評決は、法官貴族たち自身にではなく、一般大衆に影響をあたえたのである。そして、ピノチェトが免責特権を持たず裁判にかけられ得るという決定は、今後数十年にわたって、人権と国際法に影響をあたえるはずである。五人の法官貴族の中で、ホフマン卿が唯一人、書面に記載された論拠との一致について述べていないのだが、これについて、誰もコメントしていない。

ピノチェト側弁護士たちだけは違った。数ヵ月のちに明らかになることだが、彼らはホフマン卿の寡黙さに気づいていた。

ピノチェトの裁判は、まさにこれからなのである。

*

わたしについて言えば、恐怖を感じていた。

最初に喜びが来る。それは本当だ。ここノースカロライナの自宅に戻って、ふたたびラジオに釘付けになり、この一九九八年十一月二十五日、法官貴族たちが、ピノチェトの引渡し手続きを進めるよう命令したというニュースを聞いたとき、まず感じたのは喜びだ。しかし、免責へのこの勝利を祝っていても、歓喜のすぐ下で別の何かが首をもたげていることを、認識せざるを得ない。そう、わたしが感じているのは恐怖なのだ。

突然襲いかかって、世界中の独裁者たちのこの敗北を無邪気に喜ぶことを許さないこの恐怖。不気味な恐怖。しかしそれでも、わたしはこの恐怖にしがみつく。なぜなら、それは、わたしが不幸にもピノチェトと共有するこの国を、よりよく理解するのに役立つからだ。それは、将軍の反対者であれ支持者であれ、同国人すべての精神状態に、わたしを結び付けてくれるからだ。

その恐怖は、最近の帰国のおりにわたしが出会ったすべての男女の内側に一貫して息づいている情念だったかもしれない。――わたしは、外国の作家たちのガイド役を務めていたので、さまざまな階層のチリ人数百人に会うことになった。肩をすくめ、そっぽを向き、目を落とし、それからさっと目を上げる。何度となく、そんな態度に接した。民政移管後の八年間に克服できなかったトラウマの証拠である。クーデターがまだ、どこかでひそかに起きている、止められないニュース映画のように続いている証拠である。「あれがどんなだったか、とうていあなたには……」、「実に酷かったんです……」、「義妹はレープされた。親友は数ヵ月投獄され仕事を失い、いまでも仕事に戻れないでいます。父親が別人のようになって帰されてきました。ぼろきれ同然でした」、「あの時代のあれが何を意味したか、あなたがたには理解できませんよ」。何度も何度も、異口同音だ。ピノチェト追従者たちの組織的なテロル・キャンペーンにあおられて、検閲と死のあの暗黒の時代が戻ってくるのではないかという、恐ろしい疑念が繰り返し語られるのだった。

アントニオ・スカルメタとわたしが、ゲストたちを、小さな海辺の集落イスラ・ネグラにあるパブロ・ネルーダの家に案内したことがある。わが国最高の詩人ネルーダは、一九七三年九月十一日クーデターの数日後に、癌によってというより失意によって、ここで死んでいる。その集落で、われわれは、何人かの小学生と興味深い会話をかわした。八歳から十歳ぐらいまでの子どもたちだった。驚いたことに、彼らは、「独裁」という言葉の意味を知らなかった。「まさか。どうして、きみたち、その言葉を知らないでいられるの?」われわれは訊いた。「知らないよ。意味なんてわからないよ」彼らは言った。そして彼らの教師は、さんざん迷ったり話をそらしたりしたあげく、ようやくわれわれが信用できる人間だと感じて、どんなに酷い状態だったか(「どんなだったかはとても理解していただけないでしょう……」)を語ったあとで、こう告白した。もし彼女が生徒たちにその言葉について教えたりしたら、生徒の親たちは——そのほとんどはピノチェト反対派なのだが——、ノートブックからそのおぞましい言葉を消し去ってしまっただろう。息子や娘たちが学校で政治を教え込まれることに抗議してきただろう、と。子どもたちが名指しすることのできない独裁、その親たちが名指しすることを望まない独裁。その独裁の、影響と遺物と残滓が移行期のチリを毒し続けている。

そしてわたしはその恐怖を理解する。なぜなら、いまノースカロライナで、それは、わたしを圧倒しているのだから。一週間前の夜、サンティアゴで、それはわたしを貪り食ったのだから。その夜、わたしはある人から緊急の電話を受けた。情報通として知られる人だった。彼は、わたしに、陸軍部隊が兵舎に集結している、非常事態が宣言されようとしていると言った。ピノチェトの後任の総司令官リカルド・イスリエタは、いままでは軍内部の不平不満を抑えてきたが、もう状況を統御できなくなった。クーデターが迫っている……。パニックで胃が収縮した。無言の叫びが耳に響いた。気をつけろ、オーストラリアと南アフリカの友人たちをかくまう場所を見つけるのだ、彼らは、もし何事かが起こりそうだったら、それぞれの母国の大使館に電話すべきだ。なぜなら、どんなことも起こり得るのだから。すべてが可能なのだから。思い出すのだ、陸軍の報道官、ペドロ・

エウィン大佐は国民に警告したではないか。自分たちは、国民ひとりひとりが、ピノチェト問題に関してどのような態度をとったか、注意深く観察している、と。ピノチェトに反対した人々の名前を、自分たちの心に深く刻み込んでいる、と。

それは、非合理的なパニックの発作だった。事実を冷静に分析する理性を取り戻したとたんに、それは消えてしまった。軍事蜂起など考えられないことだった。そんな冒険を起こす条件はまったくなかった。これは、わたし自身、それに先立つ日々、われわれを脅しつけてピノチェトを帰国させようとするフィア・モンガー〔脅し屋〕たちに答えて、何度となく書いていたことだ。民主主義は危険に陥ってはいないのだ。そして、その一週間後、ピノチェト将軍が初めて、自分の罪状を聞き、無罪か有罪かを申し立てるために、法廷に現われなければならなくなっている現在、わたしは、同じ冷静な吟味を経て、言うことができる。チリ国家は、その試練に直面するだけの安定度と成熟度を持っている、と。

しかし、わたしでさえ――海外で安全に生活し、著作とメディアと政治的コネクションによって保護されているわたしでさえ――、その恐怖を感じざるを得ないとすれば、チリ国内で暮らすわたしの仲間たちの反応はどれほどのものだろう。表面的な平静さの下で、ピノチェトが法廷に引き出されるとのニュースを聞いて浮かべる満足の笑みの下で、どれほどの隠れた不確実性が渦巻いていることだろう？

もちろん、わたしが感じた恐怖、ピノチェトの餌食だった多くのチリ人たちの恐怖、これは、わが国につきまとっている唯一の恐怖ではない。もう一つの恐怖がある。異なった、より危険な種類の、鎮めるのがはるかに困難な恐怖である。

最近のサンティアゴ訪問の最後の日、わたしは、ラ・レイナ地区に住む義母を訪ねるためタクシーに乗った。タクシーを運転しているのは、年配の女性だった。どちらかといえば痩せ型の人で、地元ラジオ局の聴取者参加番組を熱心に聞いていた。番組のゲストの一人はカルメン・エルツだった。つい最近、外務省国際司法局の局長のポストを辞任して、チリ人判事ファン・グスマンの取り組んでいる訴訟の当事者になった人物である。グスマン判事は、カルメンの夫、カルロス・バーガーの行方不明事件を捜査していた。バーガーは一九七三年にカラマで、ピノチェトの組織した派遣部隊による大殺戮の中で処刑された。タクシーを運転している女性と、彼女の唯一の乗客であるわたしとは、カルメン・エルツが、十五分の間、この国のすべての他の未亡人に代わって、彼女たちの悲しみに究極的に責任のある男が裁かれるまでは、チリに真の和解は訪れないであろうと語るのを聞いた。

そのあと、一人の女性リスナーが電話をかけてきた。彼女は言った。この騒ぎのすべては、ピノチェトのせいではない。あの怪しからぬアジェンデのせいだ。アジェンデこそテロルを始めた男だ。ピノチェトは共産主義から、この国に潜入していた数千人のキューバ人テロリストから、国を救わざるを得なかったのだ……。彼女は続けた。わたしの父親の財産だった大きなアシエンダは、アジェンデ派によって接収された。これは、もう誰も思い出そうとはしないけれど、わたしの家族の人権の侵害だった……。

カルメン・エルツと、彼女をインタビューしているジャーナリストたちは、電話をかけてきた女性に、数千人のキューバ人テロリストという話には何の証拠もなかったことを指摘し、さらに、財産の一部を脅かすことと人間の肉体を脅かすことの違いを、農場を接収することと人間の肛門にネズミを押し込み、さらにその人間を何の痕跡も残さず行方不明にしてしまうことの違いを、話して聞かせた。彼らの言葉に同意しながらも、わたしは、しかし、こうした違いは、電話の女性にとっては関係ないことなのだろうと思った。彼女は、家族の農園を接収するというアジェンデの企てを、トラウマとして生きたのだ。自分のいちばん大事な自己存在証明への攻撃として、生きたのだ。だから、自分を迫害した野蛮人どもに対してなされることは、何であれ、完全に正当化されたのだ。彼女は、自分を、ピノチェトによって救出された被害者だと思っている。ピノチェトはタタ〔お祖父ちゃん〕として、彼女の生存権を保証する族長として、行動したのだ。どうやって彼女に到達すればいいのか、——あの十七年間のわれわれの苦しみの一つ一つを祝っていたあの女性に、アジェンデの死を聞いてシャンパン・ボトルを開けたあの女性に? 彼女は彼女なりに恐怖にさいなまれている。それは、主観的な微細なものであるかも知れないが、彼女にとっては、さまざまな亡命や死体や苦痛によって構成されるわれわれの不安よりも、真実味がないわけではない。そういう彼女と、どうやって対話を行なうことができるのか? 彼女は、彼女だけでなくチリ国民の巨大な三分の一は、われわれを敵と見なしている。機会さえあれば、ふたたび彼女の財産を盗み、彼女を奴隷にし殺害し、彼女の娘たちを陵辱する凶悪な人間だと思っている。あの女性の盲目的憎悪、他者の苦しみを自分のものとして感じる能力の完全な欠如を、どうやって克服できるのか? 彼女たちがこの戦いに勝利しわれわれが負けたのだということを、われわれに理解させる方法は、権威主義と軍政の復活だけだと彼女は確信している。そうだとすれば、彼女のヒーローが投獄され、彼女の世界と確実性が崩れかけていると彼女が感じている現在、どうやって彼女にわれわれの言葉に耳を傾けさせるのか？

これが、いまの時代の、正確で精密なチリの物語である。わたしはその女性に一度も会っていないが、彼女はわたしを恐れており、わたしは彼女に脅えている。

そして、彼女とわたしを隔てる深淵をどのようにして解決するか、わたしにはわからない。ピノチェトが逮捕されていようと自由の身であろうと、彼女とどうやって一つの国を共有すべきか、わたしにはわからない。

しかし、この物語はその問題で終わるのではない。

その日、サンティアゴで、タクシーを降りる前に、わたしは女性運転手に訊いた。こういう番組を聞いていて、乗客に文句を言われたら、何と言うんですか。実際、ピノチェトの被害者に苦痛や要求を証言することを許すこのような番組は、数少なかった。

彼女はバックミラーのなかでわたしを見て、言った。

「もし番組を好まない人がいたら、そのときはボリュームを下げます。でも、聞き続けます」

「ラジオを消すように言われたら？」

女性は振り向き、バックミラーでなく、わたしの目をまっすぐに見た。

「そんなことを言われても気にしません」

「するとあなたは自分の聞きたい番組をやめなければならないことはなかったんですね？　怖く

はなかったですか？」

「一度も」と彼女は答えた。「わたしは自分の車にいるんです。もしお客さんが気に入らなかったら、降りればいいんです。なぜわたしが怖がることがあるんです？」

いま、一週間たって、わたしは彼女のことを思い返している。あの小柄なほとんどやせおとろえた女性の記憶を、自分のうちによみがえらせ、みなぎらせている。そうすると、わたしのなかから、恐怖心が消えていき、地球の向こう側で、ピノチェトが、彼自身の過去、われわれの過去から逃れることはできないのだと告げられたその瞬間を喜ぶ気持ちが湧いてくる。

それが、わたしの頼みとするものだ。サンティアゴでタクシーを運転し、わたしが降りられるよう車を止めてくれたあの老女の、落ち着いた、静かな外見。そして彼女の、震えることのない手。彼女はその手でラジオのボリュームを上げ、自分と、すべての乗客とが聞き続けられるようにするのだ。わが同国人のあまりにも多数がまだ認めることを欲しないチリの物語を。われわれが真に自由であろうとするなら、われわれの恐怖を征服しようと望むなら、みんなで聞く必要のある、悲しみと抵抗の物語を。

一九九八年十二月

昨日、一九九八年十二月十一日ピノチェト将軍は、その人生で初めて、裁きの庭に立たなければならなかった。彼の弁護団は、「スペイン国王対アウグスト・ピノチェト・ウガルテ」事件の裁判長であるグレアム・パーキンソン治安判事による罪状認否を避けるために、ありとあらゆる手を打ったのだった。彼らは、イギリス内務大臣ジャック・ストローに、事件を却下させようとして努力したが、ストローはそうすることを拒み、引渡し手続きの進行を許可した。考慮されるべきいかなる人道的理由もなかった。ただし、この問題は将来、ふたたび持ち出されることになる。ストローが、十二月十日のヒューマンライツデー、すなわち一九四八年に国連がその世界人権宣言を採択した日を選んだことで、ふたたび、ほとんどあけすけなメッセージが、——イギリス政府による釈放は望めないというメッセージが、将軍に送られたのである。ピノチェト弁護団はすでに裁判所に、健康上の理由により元独裁者が法廷に直接出頭することは困難であると申し立てていたが、治安判事は、これに答えて、被告は、サリーにある彼の避難所から南ロンドンのベルマーシュ監獄に隣接した裁判所までの短い旅をするには、まったく差しさわりのない状態にあるように見受けられる、と述べたのだった。こうして、将軍はついに、やむなく、裁判所に車椅子で運び込まれる仕儀となったのである。

それはまだ、わたしの古い執拗な夢が実現したのではなかった。彼が答えるべき唯一の質問は、自分の名前だった（「わたしの名はアウグスト・ピノチェト・ウガルテです」彼はスペイン語で答えた。「わたしはチリ陸軍総司令官、チリ陸軍大将、★14 共和国大統領でありました。現在は共和国上院議員であります」）。被害者が彼の目を見つめることもなかったし、すべての告訴理由は「スペインのあの連中のでっちあげであります」という彼の主張に誰も反論しなかった。いかなるカメラも、彼の手を、手袋を取ってむき出しになり、ステッキを握りしめていたという彼の手を、捉えはしなかった。

しかし、何か非常にドラスティックなことが、そのベルマーシュの裁判所で起きたのだ。単にシンボリックな何かではない。少なくともある人々にとって、世界は突然あべこべになった。ある人々にとって、人生は決して以前と同じものではなくなった。

そうした人々のひとりに、チリのある便利屋さんがいる。とりあえず、ロランドと呼んでおこう。ロランド親方は、この十年間、断続的に、チリにあるわたしの家のためにいろいろな仕事をやってくれている。大工仕事、ペンキ塗り、配管工事、等々、家の中の雑用をすべて片付けてくれる。しかもそれを秀逸なさりげないユーモア感覚とともにやってのけるのだ。もちろん彼は、わたしの妻アンヘリカとは、何十回となく会話をかわしている。――しかし、きょう、アンヘリカは、サンティアゴから、わたしに電話をしてきて、こんなことを話した。昨日、親方が、水漏れと立て付けの悪いドアを修理したあと、腰をおろして昼食をとっているとき、彼は、アンヘリカと会って以来はじめて、その人生における最も困難な経験を語ったのだ。

クーデターの数年後――親方は淡々と話した、とアンヘリカは言った。――彼はピノチェト将軍の警察によって逮捕され拷問された。ロランドは当時、ある学校の用務員だった。拷問者たちは、彼に、同僚たちを罪に陥れることを求めた。破壊活動に参加している教員がいるかもしれない、そいつらの名前を吐け、というのだ。それは、短期間の拘束だった。二日か三日後には釈放された。しかし、ロランドは仕事を失い、数ヵ月にわたって肉体的苦痛にくるしみ、果てしなく長い年月、心理的苦悩にさいなまれた。そして、きょうまで沈黙を守った。

いまや彼は、突然、自分の体験を語ることができるようになった。二十年以上にわたって、他の数百万のチリ人と同様、彼は自分を、秘密の情念の小部屋の中に閉じ込めてきた。その体験を彼自身の内側の影に、ただ、ぼそぼそとつぶやいてきただけだった。奇妙なことに、ロランドの声を解放したのは、一九九八年十月十六日のピノチェト逮捕ではなかった。その逮捕を是認したイギリス上院の決定だった。そして、ベルマーシュのあの裁判所での将軍の屈辱だった。それがこの状況を生んだのだ。遠いイギリスの法官貴族たちが、ロランドに、ピノチェトは法律を超越した存在ではないと、ささやいた。そして、自分に向けられた起訴に直面するために、元独裁者がやむなくさせられた裁判所への旅。彼を法廷に連行した六人のイギリス人警官。そして、ピノチェトの弁護人がパーキンソン判事に、彼の依頼人に庭園を歩く許可をあたえるよう要請したという事実。これだ。これが将軍の弱さと凋落の証拠だ。庭園を歩きたいとき、彼は許可を求めなければならないのだ！

それはまるで巨大な重荷が体から取り去られたみたいだ、とロランド親方は言った。まるで、押し隠していた言葉をチリの広大な公共の場でしゃべりまくる許可をあたえられたみたいだ、と。なぜなら親方は、いまや彼自身の国において自由なのだから。その国を荒廃させた張本人は外国で囚われているのだから。

アンヘリカは付け加えた。ロランド親方が喜んでいるのには、もう一つの理由もあった。彼はあるボティジェリーア〔酒屋〕のあるじと賭けをした。ピノチェトがイギリスで裁判に負けるほうに賭けた。そして昨夜、ボトル二本をせしめたのだ。高級赤ワイン一本と、わが国の特別のチリ・ブランデー、ピスコ一本。彼はそれを友人たちと一緒に飲んだ。祝っているのは彼だけではなかった。アンヘリカの話によれば、チリ中のポブラシオン〔低所得者層居住地区〕で、男も女も、われ先に街頭に繰り出し、ドラムを打ち鳴らし、歌い、踊った。——八年前に民主主義が戻って以来、わが国が目撃したことのない集団的歓喜だった。街頭での歓喜の爆発。これはロランドが体験を語り始めたことと響きあう。民衆が、みずからを表現するみずからの権利を取り戻している。民衆が隠れることをやめる。民衆が新しい国を模索する作業の中で、お互いを心の友として認識しあうのだ。

将来何が起ころうと、誰もわれわれからこれを取り去ることはできない。あのように長い沈黙と恥辱の年月の果てに、一人の男がみずからの声を見いだしたのである。

いま、彼は、聳え立つチリの山並みのふもとで、みずからにワインを注いでいる。

一方、ピノチェトは、酷寒のイギリスの庭園を逍遥しながら孤独をかみしめている。

*

ピノチェト将軍は神を信じているだけではない。彼はまた、神が自分を信じていると、信じている。神は何度も何度も彼を救い、彼の神聖にしてメシア的な使命を果たさせてくれたという。

一九九五年九月、彼はジャーナリストのモニカ・ゴンサレスに、「チリに独裁などなかった。わが国は全世界の模範である。ベルリンの壁の倒壊を引き起こしたのはチリである。われわれが第一番にベルリンの壁に反対する旗を掲げたのだ。われわれが第一番に共産主義を打ち破ったのだ」と語り、それからこう付け加えた。「わたしはチリ史上最良の大統領として記憶されることを願っている」

一九九九年二月

わたしが最初にエイブラハム・リンカーン旅団[15]のことを聞いたのは一九五一年十月のある日だった。わたしは初めてヨーロッパを旅する九歳の少年で、フランスとスペインの国境に立っていた。父と一緒だった。アルゼンチン人である父は、以前共産党員であり、その後もなお明白な左翼思想の持ち主だった。彼はかつて、「わが心のスペイン」[16]を持つ同世代の多くの人々と同様、フランコが権力の座を去るか死ぬかしない限り、絶対にスペインの土を踏まないと誓っていた。しかし、われわれは人生において多くのことを誓うが、人生は、必ずしも英雄的でなく完璧でもないわれわれにさまざまな要求を突きつけ、われわれを、プリーモ・レーヴィのいわゆる灰色の領域[17]に直面させるものである。

父は当時ニューヨークの国際連合本部で働いていた。仕事上、マドリードとバルセロナでやらなければならない用件が起き、それで父とわたしは、父がかつて死ぬまで訪れまいと誓った国の国境に来たのだった。三〇年代スペインの反ファシズム闘争は彼と世界中の何千万の人々に強い感銘をあたえた。以来、この国は彼の心のふるさとであり、それゆえにこそ、彼はファシズム支配下のスペインを見たくなかった。わたしたちはフランスから旅してきた。スペイン側ではレールが狭軌なのでイルンで降りて列車を乗り換えなければならなかった。父は手をとって、わたしをスペイン領土ぎりぎりまで連れていくと、しゃがみこみ、わたしの目をまともに見つめて、言った。ここがスペイン共和国が裏切られた場所なんだ。

父は続けた。ここで、まさにこの場所で、スペイン共和国政府の購入した武器がフランスによって差し押さえられた。イギリスやアメリカはそれに暗黙の了解をあたえていた。数年後には共同してドイツと戦うことになるこれらの国は、表向き中立を宣言しながら、共謀してスペイン共和国政府を死に追いやった。自分たちが実際にはヒトラーやムッソリーニを激励し増長させていることに気づかなかった。おまえ、ヒトラーとムッソリーニのことは知っているね？

わたしは神妙な顔でうなずいた。

父は、ヒトラーの飛行機やムッソリーニの地上軍がフランコの側に立って戦っていたんだ、と言った。わたしは、フランコが何者であるかも知っていた。彼はこの国を支配する悪党野郎《イホ・デ・プタ》であり、わたしたちがこの国にいる間はその名前を口にしてはいけない人物だった。わたしは、子どもだったそのときでさえ、数十年後わたし自身の子どもたちがチリでそうなるように、自分の考えを権力者たちからは隠すように、自分の家族がフランコについて本当に思っていることを隠すように、訓練されていた。

フランコの名を言うとき、まるでそれを発音するだけで痛みを感じるかのように、父は口をゆがめた。父はさらに話を続けた。ここは本当の意味で第二次大戦の始まった場所なんだ。忘れちゃいけない、スペインが裏切られたのはここでなんだ。

そう言いながら父は泣いていた。わたしの手を取っている彼の手は震えていた。このときより以前に彼が泣いているのを見た記憶はない。父は、現在九十をかなり過ぎているが、当時も今も剛毅な男であり容易に感情を表に出す人ではない。彼が別の折に泣いたのを記憶しているのは、何年かのちに、やはり駅――ブエノスアイレスの駅で、自分の父親が死んだとわたしに告げたときだけだ。

スペイン国境にゆっくりと落ちていった父の涙は、確かに、彼が願った通りの効果をもたらしたようである。わたしは、スペインが彼にとって意味したものを、決して忘れなかった。スペイン内戦の敗北が彼の人生の大きな悲劇の一つであったことを忘れなかった。そして後にわたしは、スペイン内戦の敗北が二十世紀の大きな悲劇の一つであったことを知ることになる。

いつまでも涙にくれてはいられなかった。列車がマドリードに向けて南下し始めると、父は、静かな低い声で、別の物語を語ってくれた。国際旅団、とくにリンカーン旅団の物語だ。あるいは父は旅団でなく大隊という言葉を使ったかもしれない。リンカーン旅団の義勇兵たちが、この国に続々と駆けつけて、黒シャツどもの伸張に対抗した。彼らが勝利を収めた決戦の数々。エブロ川を渡りファランへ党部隊を撃破した「エブロ軍《エル・エヘルシト・デル・エブロ》」の猛戦ぶり。

一九五一年のわたしにとって、リンカーン旅団の存在は、自国の政府は手をこまねいてスペイン共和国を見殺しにしている状況の中で、あえて、自分の命を民主主義の大義に捧げようとした男女の、英雄的な伝説物語というだけに留まらなかった。ブエノスアイレス生まれではあるが、わたしは当時、自分をアメリカ人だと思っているヤンキー・ボーイだった。スペイン語を話そうとせず、アメリカ国歌を高唱し、だれかれかまわずに、ニューヨークは世界最高の国の最高の街だと言って回っていた。小さな愛国者はみなそうだと思うが、わたしは常に、自分自身で祖国と選んだ国への愛を正当化する理由を探し求めていた。それでいてわたしは、マッカーシーの魔女狩りによって迫害されている父親の息子だった。この魔女狩りによって、数年後、わたしの一家は合衆国を捨てチリに向かうことになるのである。

九歳で、わたしは、一つの和解しがたい矛盾を生きていた。自分の祖国だと思っている国が、父を国外追放しようとしていたのだ。わたしの家族を迫害し、父の友人である左派アメリカ人の非常に多くを迫害しているその合衆国が、一方で、リンカーン旅団を生み出したという事実。これは、わたしにとって心の慰められることだった。また、わたしが人生で受けた最初のきわめて政治的な教訓の一つだった。それは、わたしに、気づいてはいたが当時はうまく言葉に言い表わせなかったことを、はっきりと認識させてくれた。つまり、アメリカは二つあるのだった。一つは、FBIやJ・エドガー・フーヴァーやジョー・マッカーシーによって具象化されるアメリカ。もう一つは、命の危険も顧みず自由を、それがどこで脅威にさらされようとも、擁護しようとした市民によって成り立つアメリカ。わたしの想像力の中でますますエイブラハム・リンカーン旅団によって代表されるようになってきたアメリカだ。

これがわたしの所属し得るアメリカだった。もしこれらの市民が、アメリカが真に守るべき永続的価値の名において、政府に反抗し得たのなら、自分にもできるはずだ。もし彼らが人類への忠誠を合衆国の短期的利益への忠誠よりも上位に置いたのなら、自分にもそれができるはずだ。——わたしは子ども心にそう思ったのだった。

リンカーン旅団の男女は知るすべもなかったが、彼らがマドリードを去ってから長い年月のあとに、彼らは、九歳の少年を混乱から救い、彼を政治的成熟にみちびいた。彼らは予見し得なかっただろうが、彼らの存在それ自体が、その少年を助けて、もう一つのより深遠なよりまっとうなアメリカ——彼が忠誠を誓い得るアメリカ——があることを、認識させたのである。

いつか、この人たちに会おう。リンカーン旅団の義勇兵たちが途方に暮れていたわたしを救ってくれたあのとき、わたしはそう思った。いつか、この人たちにお礼を言うことができるだろう。

奇しくも、この子どもの時の夢——成長するにつれて繰り返し熱くよみがえるようになったこの夢——をかなえてくれたのは、ピノチェトである。リンカーン旅団の元兵士たちは、毎年一度サンフランシスコで集会を開き、過去の行為を記念し現在の闘争を語り合う。わたしはその会に招待され、一九九九年二月末、ベイ・エリアに向かった。四ヵ月前ピノチェト逮捕のニュースを初めて聞いた場所に舞い戻るわけだ。元兵士たちは、わたしに、ピノチェトの裁判について語るよう求めていた。彼らがハラマ川の戦いで防衛した同じマドリードで、果たしてピノチェトは裁かれ断罪されるのか。その見通しについて語れと言うのだ。わたしは、最初はディナーで、それから翌日のランチで、そしてふたたびわたしの講演の後、夜に入って、彼らと話し合った。そのたびに、チリの死者・行方不明者の家族のそれとほとんど変わらぬ強い関心を見いだした。彼らはいまや老いている——ほとんどが男性で少数が女性、全員八十代か九十代、年ごとに集まる仲間が減っていくことを痛いほど意識している——。みな、まるで、人生の最後に、素晴らしい思いがけない贈り物を手渡されたかのように感じている。これらの年老いた戦士たちは、フランシスコ・フランコが、犯した罪業について一度も責任を問われることなくベッドの上で死ぬのを見てきた。彼らにとって、これは宇宙における一つのバランスの回復だった。歴史の振り子が絶妙な具合に揺れ戻り、フランコ亡き後のスペインがフランコのイデオロギー的後継者を裁こうとしている。エル・カウディージョ[★18]の、抑圧的保守カトリシズムと近代資本主義精神の特別な混合物の継承者と自認する男が、スペインで裁かれようとしている。

しかし彼らの喜びは、土地との結びつき——彼らがかつて戦い、ピノチェトがいつかその犯罪のゆえに罰せられるかもしれない土地との結びつき——よりも、もっと深い意味を持っているのだった。彼らは、ピノチェトの逮捕を、かつて自分たちが高く掲げた同じ伝統、同じ人類の観念が、時を隔てて現われたものだと見ている。六十年以上前に、彼らは自国の政府に反抗してみずからの意思でスペインにおもむいた。大義のために、異国で死ぬことを厭わなかった。ドイツ人やフランス人やロシア人やユーゴスラヴィア人やラテンアメリカ人とともに死ぬことを厭わなかった。人間には、不正義がどこに存在しようともそれに対抗する戦いに参加する権利がある、と信じて、その権利を擁護した。自分を、まず第一に人間であり、そして第二に、一国家の国民であると定義した。一人の人間の自由を踏みにじるのはすべての人間の自由を踏みにじるのと同じことだという自分たちの思想が、全人類に受け入れられる歴史的瞬間の到来を、彼らは予期していた。そして彼らの理想は少しも変化していない。「わたしたち、貯金しているんです」元兵士の一人がわたしに告げた。かつてカタルーニャの山地でカスティーリャの平原でライフルを握っていた、しみだらけの手。バークリーのとあるレストランの長いテーブルに同志たちと並んで座り、こう続けた。「その裁判がほんとに始まった時のためにね。みんなで行って、おたくの将軍がギューギューの目に遭わされるのを見たいんですよ」

しかし、大西洋を渡って、懐かしのマドリードで裁かれるピノチェトを見にいくほかに、これらの元兵士たちは、わたしと同様、もう一つの夢を持っている。歴史がこれをかなえてくれるかどうかは疑わしいが、実現すれば、さらに大きな満足の得られる夢である。若き日に政府や国家によってつくられた国境を踏み破ったこれらの国際主義者は、逆説的に、一貫して、アメリカ的な、きわめてアメリカ的な人々である。——だから、彼らがいちばん腹立たしく思っているのは、たぶん、ピノチェトを創造したこと、彼の独裁を支持したことにおける祖国アメリカの責任である。彼らは、合衆国は償いをすべきだと感じている。国のファイルを開いて、アジェンデ打倒のためのチリへの介入の実態を広く民衆に知らせ、歴史家に調査・研究させるべきだ。将軍を免罪しようと画策するのではなく、ガルソンと犠牲者たちの側に立つべきだ。そして何よりもまず、オルランド・レテリエルと彼のアメリカ人助手ロニー・モフィットを殺害した容疑により、ピノチェトのアメリカへの身柄引渡しを要求すべきだ。

そのときこそ円環は真に完成するだろう。

生き残った少数の義勇兵たち。あのスペイン国境で子どものわたしに希望をあたえ、後に、若者のわたしに、また、チリで革命家だったわたしに、さらにもっと後に、果てしのない年月を放浪し続けるバイリンガル亡命者のわたしに、励ましをあたえてくれた元兵士たち。彼らがワシントンDCの法廷に列をなして入っていき、フランコの後継者と自認する男が彼らの前に立ってテロリストとして裁かれるのを見る日、その日にこそ、合衆国で始まりスペインへと進み、さらにチリを経巡ってきた歴史の円環は、真に完成したものとなる。真に見事なものとなる。ある意味で、リンカーン旅団員は、かくも長い年月の末に、その日、ようやく帰国したことになるのだ。

＊

一九七三年、公務員すなわちチリ陸軍総司令官であったあなたは、他の人々と共同して、ペドロ・ウーゴ・アレジャーノ・カルバハルに、意図的に、極度の苦痛あるいは不快をあたえた。その手段は次のようなものだった。

a　金属のベッドに結わえ付け、両手を金属板に押し付けて、電撃によって部屋の反対側まで跳ね飛ばした。

b　胸部、ペニス、足指に取り付けた電気ワイヤによって電撃をあたえた。

c　木に縛り付けて、鞭打った。廊下を走らせ、さらに殴打した。

d　ヘリコプターに乗せたあと、ズボンにロープを巻きつけて外へ押し出し、棘だらけの灌木林の中を引きずった。

e　ロープで縛って井戸に吊り下げ、水死寸前に至らしめ、さらに引き上げて尋問し、答えを拒むとまた井戸に吊り下げた。

f　「ロシアン・ルーレット」をやった。

g　頭にリンゴを載せてその頭上を射撃し、司祭に命じ彼に対して最後の秘蹟を行なわせ、魂を神に託して、拷問者たちと協力するよう強要した。

h　息子たちを含めて逮捕されていたロドリゲス家の人々のいる前で、無理やり着衣を脱がせた。彼を強制してロドリゲス家の人々への拷問を見させた。父親が息子たちの上に横たわらされ、性的な動きをさせられた。父親が、息子の一人の肛門に陰茎を挿入するよう命じられ、もう一人の息子はその弟に同じ行為をさせられた。そしてペドロ・アレジャーノは父親と同様に、子どもたちの一人の上に横たわらされ、同じことをさせられた。これらの拷問を行なう海兵隊員たちは、囚人たちを見下ろして、銃剣を彼らの首に突きつけ、言われた通りにしないと、頭を撃ち抜くぞと告げた。隊員たちはそれから、彼らを裸のまま廊下を歩かせ、殴打し続けた。

i　一人の子どもの肛門を銃剣で切り裂いた。

j　ペドロ・アレジャーノが見ているところで、兵士たちが三十分にわたって年配の人々に石を投げつけた。それから、彼らに、エル・ベジョト空軍基地の石だらけの滑走路を膝で歩くよう強制した。

これらはすべて、いわゆる公務の一環として行なわれたのである。

あなたは他の人々と共同して、イルマ・デル・カルメン・パラダ・ゴンサレスに、意図的に、極度の苦痛または不快をあたえた。その手段は次のようなものだった。

a　彼女を強制して、二日にわたり、拷問される囚人たちの絶叫を聞かせた。
b　着衣を剥ぎ取った。
c　口腔、膣、乳頭に電流を流した。
d　二人の男によって強姦した。
e　両手を化学薬品の中に入れさせ、続いて両手をある機械の中に差し込ませて、意識を失わせた。意識が戻ると、複数の死体と湿った藁の入った穴の中に閉じ込めた。
f　腐敗した食品と、死んだ囚人の遺体の一部を食べさせた。これは数日ぶりに食べ物をあたえられたあと、彼女が別の囚人から聞いて知ったことである。スープに浮いていた肉片は人間の耳だった。耳の持ち主はすでに殺されていた。それから、一発の銃声が聞こえた。耳のことを話してくれた囚人が銃殺されたのだと彼女は思った。

これらはすべて、いわゆる公務の一環として行なわれたのである。☆

以上は、バルタサル・ガルソン判事による、アウグスト・ピノチェト将軍に対する起訴状の一ページ

☆　わたしは、ジェフリー・ロバートソンの著書『人道に対する罪——グローバル・ジャスティスのための戦い』（ニューヨーク、ザ・ニュープレス、二〇〇〇年）を読んで、これらの事例を初めて知った。わたしがここに紹介したのは、同書に引用されているものより長く、チリのＦＡＳＩＣ財団が発表したバルタサル・ガルソン判事の起訴状から翻訳したものである。

ジ分の抜粋である。起訴状は、まだ二四九ページもある。

*

どうやってピノチェトはこれほど多くのチリ人を騙してきたのか？　これほど多くの人々が、ピノチェトは彼の支配下で行なわれた犯罪についてまったく気づかなかったと信じ、今日でも、彼は無実だと信じている。このことを、どうやって説明できるのか？

そうだ、ピノチェトの無実を信じることによって、彼の信奉者たちは、自分たちもあのころの残虐行為を知らなかったと主張できる。そうだ、新自由主義自由市場経済という彼のブランドのおかげで、チリ人の多くが豊かになったし、より貧しい者たちの多くは、繁栄の夢のかけらをむさぼることができた。そうだ、ピノチェトは神を認めぬ社会主義への人々の不安を利用し悪用した。そうだ、ピノチェトは人々の愛国主義に訴え、混乱する時代における強さ、秩序、権威の必要性に訴えた。そうだ、ピノチェトはすべてのメディアを思いのままに操った。そう、われわれは、なぜ彼が巨大な数のチリ人の中でいまだに支持を得ているのかを説明する、社会的・経済的・文化的理由を、いくらでも挙げることができる。——ところで、彼の支持者は、彼の政策によって直接利益を得ている人々だけではない。

ある女性を例にとろう。名前はグラシアとしておく。わたしの妻の親しい仲間の一人だ。

あの六〇年代、アンヘリカの幼なじみの中でいちばん最初にわたしを完全に受け入れてくれた人だ。この外国生まれのユダヤ系インテリ、ひょっこり現われてチリ美人を誘惑し、誰もが典型的なチリ男と結婚するだろうし結婚すべきだと思っていたアンヘリカをさらっていったこのわたしを。わたしは本当にグラシアが好きだった。彼女の体にみなぎる俗悪なまでのバイタリティを大いに楽しみ、人生が彼女にあたえるすべての逆境を明るく乗り越えていく生き方に敬服した。彼女は始終、逆境に襲われていた。一九八八年に、わたしたちが、グラシアとアンヘリカが育った小さな田舎町に彼女を訪ねたときにも、彼女は逆境にいた。失業中だった。ピノチェトの仮借ない経済政策の直接の結果だった。彼女が出してくれたお茶を飲みながら、わたしたちはすぐそのことを指摘した。ところが、グラシアは、いろいろなおいしい食べ物を気前よくふるまってくれながら、数年前にも、今度の国民投票では、タタ（グランパ）・ピノチェトに投票するつもりなの、と言うのだ。彼女はピノチェトの欺瞞的憲法に支持票を投じたという。

わたしは熱弁を振るった。忍耐強く政治分析をやってみせた。ピノチェトを批判し、チリ近代化を進める彼の手法、少数を豊かにし多数を助けないそのやり方を、多くの具体例を挙げて攻撃した。グラシアは耳を傾けていた。そしてわたしが長い演説を終えたとき、ただ肩をすくめ、わたしにまた、うまそうなクラッシュド・アボカド・オン・トーストを薦め、そして言った。「ともかくわたしは彼に投票するつもり」

「でも、なぜ？」わたしは憤激して訊いた。「死者のことはどうなの、処刑された人、追放された人のことは？」

「そのことね」グラシアは言った。「彼はそういうことは何も知らないのよ。彼を見てご覧なさいよ、わたしたちの夕夕を。とても素敵な青い目をしているわ」

実につまらない、まったく無意味なことだ。こんなことに騙されて、どれほど多くのチリ人が彼女と同じようなことを考えているのだろう？　彼が、わたしにとってのデモンが、生き延びているのは、われわれから隠れていられるのは、その目のせいだ、——そんなことがあり得るのか？　ピノチェトが今後処罰をまぬかれるとしたら、それは、その素晴らしく穏やかな青い目のせいだ、——そんなことがあり得るのか？

一九九九年三月

きょう、一九九九年三月二十四日、ピノチェト事件における最重要な決定的瞬間を迎える日に、わたしはたまたまここロンドンにいる。

今朝、ベルファストから飛行機でやってきて作家仲間の昼食会に出ていたのだが、セカンド・コースが出たところで——その魚料理はとてもうまそうだったのだが！——、中座することになった。裁判の第二段階に立ち会わなければならなかったのだ。告白しなければならないが、わたしは、デザートのためにあとに残る、単に文学的であるだけの仲間たちに、かすかな優越感を覚えた。ばかげた優越感だ。結局のところ、彼らの国には、被告席に座らされ、その運命が世界に告知されようとしている独裁者などいないということなのだから。ともあれ、ビクトル・ハラ財団のダイアン・ディクソンが労働党議員に頼みこんで、アンヘリカとわたしを、上院にもぐりこませてくれた。きょう、上院で、ピノチェトの引渡しに関する裁決が下されるのである。

何？　上院？　またしても？　法官貴族たちは、五ヵ月前にこの件を決定したのではないか？

そう、イエスそしてノーだ。

昨年十一月二十五日の評決の最後に、ホフマン卿は簡潔なタイ・ブレイキング〔均衡を破る〕な意見を述べ、これによって、ピノチェトは元国家元首としてスペインとイギリスの訴追をまぬかれるという高等法院の決定はくつがえされた。このことを記憶されているだろうか？

あの歴史的な三対二の決定の数日後、ピノチェト将軍の弁護団は、上院に、ホフマン卿の票を無効にするよう要請した。理由は次のようなものだった。ホフマン卿は、人権団体アムネスティ・インターナショナルと繋がりがあり、それゆえ被告に対して偏見をもっている。ホフマン卿は、アムネスティ・インターナショナルの独立した慈善部門の（無給の）名誉議長であり、また一九八〇年にはアムネスティを代表していた。その妻ジリアンは一九七七年以来アムネスティの広報課で働いている。彼は、このことを公然とは明らかにしていなかった……。ブラウン-ウィルキンソン卿の率いる五人の法官貴族が、弁護団の要請を受け入れることを決め、数日の審理のあと、ホフマン卿の票を無効にする（これは事実上、ピノチェトに有利な高等法院の決定を有効にしてしまう）のでなく、新しい七人の法官貴族によってこの件を再審理することを決定した。以前の判決をくつがえすというこの決定は先例のないものだった。上院の全歴史において、同僚たちによる裁判の破棄を求める要請を審理したことは一度しかない。これは、一八二三年、財産権に関する事件だったが、結局、上院は以前の決定を破棄しなかった。しかしながら、今回の場合、ブラウン-ウィルキンソン卿とその同僚たちは、全員一致で、ピノチェト事件はきわめて重要な問題であるから、透明性と公平性を最高度に保障しなければならない、と判断した。ガルソン側の弁護士たちは、次のように主張した。ホフマン卿は、過去、アムネスティの宣言に反して、死刑制度の維持に有利な決定を行なったこともある、また、ピノチェト側の弁護士たち自身、過去において、アムネスティに献金している、さらに、ピノチェト側の弁護士たちは、ホフマン卿のアムネスティとの繋がりを以前から知っていた、そのくせ、判事団の中に彼が含まれていることに、当初、なんら反対しなかった（これは、噂によれば、ホフマンの判断が自分たちにとって不都合なものであった場合、それを攻撃するためであった）……。しかし、五人の法官貴族は、この主張には心を動かされなかった。

こんな次第で、三月下旬のこの日、わたしは、イギリス上院の、議場を見下ろす傍聴席の一シートに体を押し込んでいるというわけだ。窮屈な傍聴席にほとんど馴染めない感じで、大勢の人々が詰めかけている。彼らの多くは、わたしたちを潜りこませてくれた労働党議員によれば、「悪党ども」だという。自分たちのヒーロー、ピノチェトがきょう釈放されると考えている、保守党の平議員たちである。彼らの陽気な顔を見ていると、こちらの不安は募るばかりだ。結局のところ、ピノチェトに不利な当初の決定を無効にした法官貴族の何人かが、これから新しい裁決を下すことになるである。しかも彼らは国際商法の無味乾燥な専門家として知られている。もしわたしが判事団の一人だったなら、アムネスティとの繋がりがあることについて、ホフマン卿を賞賛し、こう宣言したことだろう。——あの人権団体のメンバーであることは、いずこの、いかなる裁判官にとっても、前提条件であるべきだ。それとも、われわれは、独裁者や拷問者や、ジェノサイドをやってのけた国家元首たちを裁く仕事を、人道に対する罪にいかなる関心も示さないことによって、みずからの「客観性」を証明している人物たちにのみ、託すべきなのか？　そんなこともまた偏見ではないか？

しかし、もちろん、わたしはこの判事団の一員ではない。どこの法廷の判事団の一員でもない。わたしは創作の専門家であって法律の専門家ではない。わたしは静まり返った議場の上部にある傍聴席にすわっている。映画の中でしか見たことのない光景だ。あの豪華なベルベットの赤いカーテンが、黒っぽい木製ベンチ、判事たちの粉をふりかけたかつら、長いローブの背景をなしている。

背の高い廷吏が、手にした杖でコツコツと床を叩いて、全員に静粛を呼びかける。杖には、古い銘が彫られている。この国が、人類に、支配者がその臣民を虐待する権利への諸制限に同意した史上最初の文書であるマグナ・カルタをあたえた国であることを、あらためて感じさせる。こうしたすべてが、夢のような雰囲気を高めていく。

ブラウン-ウィルキンソン卿が最初に発言する。そして彼の意見が実際に何なのかを理解するのは容易ではない。彼は、ピノチェト上院議員は免責特権を保持していないと言明したように見える。しかし同時に、――矛盾だろうか？――彼は、引渡し手続きを認めなかった高等法院の十月の決定に反対する上訴を、部分的にしか認めないようだ。

その次はゴフ卿だ。彼の意見はきわめて明瞭だ。彼は上訴を棄却する。ピノチェトは国家元首としての免責特権を保持している。続いて、クレーグヘッドのホープ卿だ。彼はゴフ卿と同意見であるかのようである。ピノチェトに対する起訴理由のほとんどは、彼が法的に引渡しされ得ないところの犯罪に関係している、と言う。しかし、それから一転して、――これから先が彼の真意なのか？――ピノチェトは何の免責特権も保持していない、と述べる。ただし、それには、一九八八年十二月八日以後の期間については、という条件がついている。彼は何のことを語っているのだ？なぜその日付なのだ？　次に起立したハットン卿の発言によって、話はますますややこしくなる。彼は、新しい日付を付け加える。一九八八年九月二十九日。その日付以後に行なわれた拷問および拷問謀議に関しては、ピノチェトは引渡しされ、裁かれ得る、とハットン卿は言う。次の判事ニューゲートのサヴィル卿は、ブラウン-ウィルキンソン卿に同意する。待てよ、ブラウン-ウィルキンソン卿は何を言ったのだったか？

「どうなってるの？」アンヘリカがいらだたしげにわたしにささやく。まるで頼みの綱でもあるかのように、わたしの上着をしきりに引っ張っている。彼女の言葉のせいで、わたしの混乱した頭は、眼下の議場で展開している事態の謎めいた意味合いを捕捉し理解するのが、いっそう困難にすらなる。

「それを考えているところさ」と、わたしはささやき返す。

ダイアン・ディクソンが言う。「こちらが勝ちそうよ」

そうなのだろうか？

それからミラー卿が立ちあがり、ダイアンの意見の正しさを証明する。彼は、ピノチェトの免責をいかなる種類の制限もなしに否定する。彼の言明の中には、いかなる日付も、いかなる「もしも」も「しかし」もない。となると、賛成はいくつ、反対はいくつになるのか？　しかし、何に対する反対、何に対する賛成なのか？

最後の判事が立つ。ワース・マトラヴァーズのフィリップス卿はまた別の意見を持っている。彼は上訴を認めると言う（ピノチェトを釈放せよとの高等法院の決定に反対するということか？　それが彼の語っていることなのか？）。ただしそれは、ピノチェト上院議員に対する起訴理由のうち、身柄引渡しをすべき犯罪を構成するものに限られる。

水を打ったような沈黙が広がる。私語もない。喝采もない。ピノチェトが無罪放免となるのを見に来た保守派も、ピノチェトが磔になるのを見に来た人権団体の人々も、押し黙っている。みな、喜ぶこともあざけることも出来ないでいる。要するに、いったいこの決定が何を意味しているのか、まったく理解できないのだ。誰もが身動き一つしない。

この麻痺状態はほんの一瞬のものだった。――しかしその一瞬は、長く、静寂に支配され、不安と困惑に満ちていた。

それから、ブラウン-ウィルキンソン卿が、われわれの当惑を認めて、こう言う。判事諸卿の濃縮された発言は少々理解しにくかったかもしれませんな（満場、失笑）。ちょっと説明いたしましょう……。全員、耳をそばだてる。

ピノチェトに対してスペイン政府から提起された起訴理由のほとんどは、過半数の判事によって棄却されました。なぜなら、それらは、それらが行なわれたとされている時点において、違法ではなかったからです（国外における拷問が連合王国の法律の下での犯罪となるのは一九八八年九月二十九日以後のことです）。そのうえ、拷問が、普遍的管轄権の対象であり身柄引渡しに相当する国際的な犯罪となったのは、連合王国が、スペインとチリ（関係する二ヵ国）とともに、拷問に関する条約に調印した一九八八年十二月八日のことです。それゆえ、われわれ判事七名のうち六名は、その日付以降に行なわれた犯罪についてはピノチェトを裁き得ると判断するものです……。

だから、将軍は負けたのだ。彼は免責特権を持たない。彼が自身にあたえた恩赦は無効である。一方、法官貴族たちは、内務大臣に、引渡しし得る起訴理由がかなり縮小したことにかんがみて、引渡し審理を進めるべきかどうか再考するよう、要請している。

この縮小は何を意味するか？　ガルソンの本来の二百五十ページの起訴状のうちどれだけのもの

が残っているのか？　一九八八年十二月八日以後といえば、ピノチェト在職の最後の十五ヵ月間に当たる。彼は一九九〇年三月十一日に大統領を辞任している。この十五ヵ月間に（彼がその抑圧方法において以前よりもはるかに用心深かったに違いないこの時期に）、完全に立証し訴追し得るだけの、そして彼をスペインに送ってその起訴理由に直面させ得るだけの犯罪を、彼は犯しているだろうか？

退出の際、全員、薄緑色の厚い文書——一二二ページだ——をもらっていく。これに、法官貴族たちの判断が詳述されているのだ。わたしは大急ぎでページをめくり、自分の質問に対する答えを探し出そうとする。幸運にも、ガルソンの告発を支持するチームにいるイギリス人弁護士の一人が、簡潔に説明してくれる。大丈夫だ。——法官貴族が多数決によって承認した、限定された、大幅に縮小された期間においてさえ——ピノチェトの断罪をみちびくであろう起訴理由は、多々、存在する。これらのうち主要なものは、一九八九年六月二十四日、クラカウティンという小さな町で起きた、十七歳のマルコス・ケサダ・ヤニェスの拷問死である。解剖結果は、彼が殴打と電気ショックによって死亡したことを明らかにしている。ピノチェトの政策に抗議したことへの罰として、警察が少年に暴行を加えたのである。拷問に関する条約が一九八八年十二月八日に批准された後に発生した、殺人および拷問事件が、少なくともまだ二十八件ある。それらの多くは、一九九一年に発表された『チリ・真実と和解委員会報告書』に記録されている。

上院の建物を離れ、ロンドン・ウェストミンスターの明るい陽光の中に出て行くと、ジャーナリスト、テレビカメラ、写真家たちに取り囲まれる。わたしは、このところ、不承不承ながら、しばしば報道陣に探し出されピノチェト裁判についてコメントを求められる人々の一人になってしまっている。部分的には、わたしがこの問題に熱心にかかわっているからだが、疑いもなく言えることは、わたしが英語を自由に話せるからでもある。皮肉なことである。わたしのたえまないバイリンガリズムの実践は、亡命生活の直接の結果なのだから。この長い追放の年月を生き延びるためのものだったのだから。ピノチェトが権力の座につく以前のわたしは、死ぬ日までスペイン語だけを話そうと心に誓っていた。子ども時代に習得した英語をみずから捨てることで、純粋なチリ人、ラテンアメリカ人としてのアイデンティティの証明にしようと思っていた。だから、わたしを海外に追放することによって、わたしに、スポークスパースンの役割をあたえたのは、ピノチェトのクーデターだと言っていい。これからわたしが口にしようとしている言葉に、ピノチェト自身が屈折したかたちで責任を負っていると思うと、一種の満足感を覚える。

そうだ、しかし、どんな言葉を口にすればいい？ きょうイギリス上院で起きたことを、――どの言語で表現するにせよ――どのように要約すればいいのか？ ピノチェトの擁護者たちが、あら捜しをし、評決を彼らの都合の良いようにねじ曲げ、ぼやかして、世論を混乱させないために、どうしたらいいのか？ いま、この瞬間、世界の裏側で――わたしがここ何ヵ月ものあいだずっとやっていたように――ラジオの前にしゃがんで聞き入っている誰かに、この判決を理解してもらうために、どのように発言すればいいのか？ 二度目の決定が行なわれたいま、わたしが離れたばかりの建物の中で起きたことのエッセンスは何なのだろうか？

「ウナ・ビクトリア・パラ・ラ・ウマニダ」わたしは突然叫ぶ。長い案山子のような腕を高く上げて振り回す。それから英語で、「人類にとっての勝利だ。人類にとっての勝利だ」勝ち誇った言葉を発したとたん、わたしは気づく。これは単に、反対派を安心させるための、わたしなりの自己顕示的戦術ではない。これは、あらあらしく情熱的な真理だ。陳述やら日付やら保留やら縮小やら解釈やらの混沌をつきぬけて輝く真理だ。われわれはいま、この恐ろしい残酷な世紀を締めくくる、最後の、素晴らしい贈り物を授けられたのだ。正義と平等を求める人類の努力において決定的な一歩をかちとったのだ。

わたしは誇張しているのではない。

人権。出生という驚異的現象によってこの地上に生を享けたすべての人間が有する権利。この権利を、より強力な者たちによる侵害からいかにして守るか。これは、明らかに、文明といわれるものの始まり以来、人間が取り組んできた中心的課題の一つである。この暴力的な地球の上の、すべての男、女、子どもたちの生と死を決定し続けているものである。同じ空気を吸っている仲間たち一人一人の価値と尊厳を守るための、困難で苦痛に満ちた闘争。ピノチェトに関するきょうの決定は、こうした闘争の文脈の中で捉えなければならない。

人類は、この瞬間に到達するのに数千年かかった。奴隷制を廃止するのに、性別や信仰や皮膚の色に関係なくすべての人に選挙権を認めるのに、幼年労働と宗教差別を非合法化するのに、数千年かかったのと同じである。まともな賃金と医療と教育は、人間が人間である以上例外なしに認められた権利であることを確立するのに、永遠と思われるほどの時間がかかったのと同じである。いま、われわれは、一つのシステムを創り出す一歩手前に来ている。そのシステムでは、支配者たちは、自国の国民によってだけでなく、自国の国民に代わって、人類自身の名において行動する世界のいかなる法廷によっても、裁かれ得るのだ。

この決定は、支配者の犯した、全人類に対する犯罪と形容し得るほどに大規模で非道な違法行為に対して、事実上、普遍的管轄権を確立している。この決定がなぜ、重大で記念碑的なものかを理解するには、少し、法史、政治史を振り返ってみる必要がある。

一六四八年、ウェストファリア講和――ウェストファリア条約としても知られている――が、ドイツのミュンスターとオスナブリュックの町で調印された。これによって、スペイン・オランダ間の八年におよぶ戦争、ヨーロッパを破壊しつくした大災厄は終焉を迎えた。調印国は、それぞれ国民国家（そしてその支配者）のための主権を確立し、それゆえに、国内問題への不介入の初歩的な原則をも確立した。同時に、宗教的少数派の権利も承認した（カトリックとプロテスタントを、それぞれが多数派でない国において承認した）。これは、今日まで続く国民国家システムの存在を受け入れ、国家間の紛争と通商を規制したものであって、その時代においては、意味のある前進だった。しかし、それは、支配者による国民への蛮行をどう扱うかという問題を未解決のままに残した。一九四八年、正確に三百年後になって、国際連合が――第二次大戦中のナチスの残虐行為の再現を許さないという思いから（当時続行中であったスターリン主義と植民地主義の蛮行も、疑いもなく、多くの人の念頭にあったが）――その年の十二月十日に、世界人権宣言を採択した。この宣言は、今日まで、人類の新しい観念を求める闘争のための礎石となっている。それまで一度も、われわれは一つの種として、すべての人間にとってのかくも多くの基本的権利を確立し要求したことはなかった。それまで一度も、われわれすべてが望む世界の、かくも明瞭な絵が描かれたことはなかった。それまで一度も、国家や政府が、これらの原則や義務を厳守することを誓ったことはなかった。

そして、一枚の紙片がこれほどまでにないがしろにされたことも、いまだかつて、ないことだった。その文書は強制力を持たなかった。支配者は、自分がどんなに宣言に書かれた言葉――あれの自由、これの自由――を愛しているかを口にすることができたし、また実際、口にした。その一方で、不介入と主権の陰に隠れて、国民に対してやりたい放題をやった（力のある支配者は、他国民に対しても同じことをやった）。ニュルンベルク裁判――そして、これより知られていないが同様に重要な東京裁判――は、一国（もちろん敗戦国だ）の要人たちが人道に対する罪で裁かれた最初でまた最後の事例だった。そのとき以来、二十世紀には、大量殺害と侵略、拷問センター、銃殺隊、爆撃、迫害、精神病棟、見世物裁判が途絶えることなく続いた。耐え忍んだ苦痛、なされなかった正義が果てしなく続いた。ベトナム、南アフリカ、カンボジア、アルジェ、プラハ、ブエノスアイレス、そして北京。ボカサ、メンギスツ、アナスタシオ・ソモサ、フェルディナンド・マルコス、スハルト、サダム・フセイン、ホーネッカー、ホルヘ・ビデラ。ありとあらゆる場所で、罪なき者が苦しめられ、死んでいく。世界人権宣言が禁止し否認した方法によって殺されていく。

もちろん、さまざまな条約が署名され続けている。協約は次々と宣言されたし、議定書は相次いで議論され批准されていた。――そう、もちろん、子どもの権利条約、女性差別撤廃条約、人種差別撤廃条約、結構だ。そう、もちろん、われわれはみな、幼年労働に、人質行為に反対だ。しかし、結局のところ、口だけなのである。署名者たちは、さまざまな宣言や条約の文言を遵守する気持ちなど初めからなかったし、世界中の彼らの同盟者や友人たちが絶え間なく行なっている同じような違法行為のことを気にかけている様子もなかった。マーガレット・サッチャーとアウグスト・ピノチェトが拷問禁止条約に得々として署名しているのを見るがよい。明らかに、チリの独裁者は、夢にも思わなかったのである。わずか数ページの偽善的な法的世迷言《よまいごと》と彼がたぶん考えたものの末尾に署名した、そのことに基づいて、自分が逮捕され、しかも上訴までしりぞけられるような事態が起ころうとは――。自分自身の裁判を認めることになる、途方もないしろものに署名しているなどと、知りようがないではないか？　十年後、商法に精通した法官貴族の一団が、契約は契約だ、それを読み確認し署名した者たちは、当然、それを履行しなければならないと宣言するなど、思いも及ばないことだったのだ。

しかし、この十年間には、多くのことが起きていた。最も重要な展開は、冷戦の終焉と、それゆえの、核ホロコーストの日常的可能性の終焉だった。核の脅威は、大国によって、彼ら自身の違反行為を正当化するための、また、従属国における人権侵害に目をつむらせるための、道具として使われてきた。他者への恐怖――ソ連が西側に対していだく恐怖、合衆国が共産主義に対していだく恐怖――は、いわゆる社会主義諸国の場合は国内のテロルに、いわゆる自由世界の場合は、自由の名における海外でのテロル（そして国内での市民的権利の制限）に、変換された。あんたたちはブダペストやチベットでやりたいことをやりたまえ（わたしはあんたたちを非難するが）。うちの兵隊たちにはエルサルバドルやブラザヴィルや東チモールでやりたいことをやらせてもらうよ

（あんたたちはこっちを非難するだろうが）。

だから、ベルリンの壁が崩壊したあとには、人権侵害の数がドラスティックに減少し、多くの宣言や条約の文言を厳密に守る国々から成る新しい世界が生まれるだろうと、多くの人が期待したのは不思議ではない。その世界では、アウシュヴィッツやベルゲン-ベルゼンに恐怖した人類の意識の中に焼きついた、「二度と繰り返さない」という言葉は、過去の悪行に対する単なる断罪ではなくて、むしろ、未来に向けた、予言的なものになるはずだった。

二つの主要な人為的なカタストロフが、この楽観主義を否定した。一九九一年、ユーゴスラヴィアが解体されてからというもの、ヨーロッパではナチズムの時代以来見られなかった規模での暴力と悪逆が解き放たれた。これらの悪行は、それまでの四十年間、世界のより貧しいより少なく「文明化」された地域にだけ見られたものであり、西欧列強によって抑止されず、しばしば西欧列強自身がやってのけた、新植民地主義的蛮行と同類のものであった。たしかに、一九九三年、旧ユーゴスラヴィアのための国際戦犯法廷がハーグに設立された。しかし、非常に多くの他の新設機関と同様に、それは十分な強制力を持たなかった。人権侵害者たちに、実際に責任を問われるぞという恐怖感をあたえなかった。二年後、一九九五年に、ラトコ・ムラジッチ将軍が、住民保護を目的とするはずの国連平和維持軍の目の前で、楽しげにスレブレツァでの民族浄化を取りしきり、七千人以上のボスニア・ムスリム〔イスラム教徒〕を殺害し、その女性や子どもたちを強姦していたとき、ハーグのその法廷は、セルビア人拷問者をただ一人しか逮捕していず、しかも彼をまだ裁判にかけていなかった。——非常に効果的な抑止のかたちとは、とても言えなかった。

もう一つの出来事は、ジェノサイドについての国際的無関心を、いっそう衝撃的に告発するものだった。――一九九四年の四月と五月にルワンダで、ほぼ百万のツチ族が殺害された。西欧諸国と国連はふたたびこれを傍観したのである。当然ながら、もう一つの戦争犯罪法廷が作られた。しかし、このような戦慄すべき集団犯罪の続発は、世界の諸国家が、この種の不法行為を取り扱うべき永続的機関をどうやってつくりだすかを、基本的に再考する必要性をさらに高めた。

その結果、一九九八年七月十七日、スコットランドヤードがピノチェトの逮捕に向かうちょうど三ヵ月前、百二十ヵ国（アメリカ合衆国は入っていない）がローマに集まって国際刑事裁判所設立条約を採択した。この条約は、戦争犯罪や人道に対する罪を犯した支配者たちを裁くための機構を確立した。――しかし、それはまた但し書きを含んでいた。被告を国際的司法機関に引き渡すには、まず本国による同意が必要とされたのである。これは、要するに、ピノチェトのような人々、引退した独裁者のほとんどがそうであるように、自国において巨大な権力基盤を保持し、特権的地位にある友人や仲間たちに囲まれている人々は、決して、国際刑事裁判所の真の管轄権の対象とはなり得ない、ということだ。

だからこそ、法官貴族たちの決定は、超越的なのである。世界人権宣言の理想の実現は、世界中の国々の裁判所によって支えられている。それらの裁判所の背後には各国警察組織の強制力がある。少なくとも、この評決は、かつての暴君や戦争犯罪人を、彼らの祖国の国境の内側に封じ込めるという効果を持つだろう。彼らは、いまや不確かとなった世界にあえて出て行こうとはしないのだ。そして最良の場合には、彼らの多くが裁判にかけられることに道を開くだろう。これは、一つの警告である。自分は他者を傷つけ殺しその生活を破壊することができ、しかもその責任を問われることはないと思っている者たちへ警告である。差別なき人類をつくりあげるための、世界に正義をもたらすための、長く古い闘争の中での、一歩前進である。ピノチェトから免責特権を剥奪することで、法官貴族たちは革新的な法的先例を確立したのだ。この判例は、ピノチェト個人の身に何が起ころうと、それを超えて持続するだろう。——彼がロンドンで死のうが、マドリードに移送されようが、故国に送還されようが。

彼の身に起こることが重要でないというのではない。犯罪を犯すのは個人である。——一人の人間が拷問せよとの命令をあたえる。もう一人がその命令を伝達する。三人目の人間が囚人の頭を袋に突っ込み、ゆっくりと時間をかけて窒息死させる。四人目の人間が死体を隠す。五人目が死体のありかについて嘘を言う。——だから、罰があたえられることは必要なのだ。生き延びた者と犠牲者のために、現在と未来の犯罪者たちへの警告として、必要なのだ。われわれは、法官貴族たちによって認められた限定的期間の間にピノチェトの引渡し裁判を続行するに十分な犯罪行為があったかどうかを、近々のうちに、見つけ出すだろう。

それは確かにチリ人を苦しめる問題である。

気がつくと、わたしは、チリ国営テレビの取材班の前にいる。一人のリポーターがわたしに訊く。法官貴族たちが、起訴理由として有効であると認定した拷問事件はただ一つしかないようですが、そうだとすると、ピノチェトが引渡しされる見込みは大幅に減少したのではないでしょうか。

わたしは、自分の答えが——直接の衛星中継によって——チリの全家庭に伝えられることに気づいている。

「拷問で死んだのがあなたのお母さんだったらどうなんです？」わたしはリポーターに尋ねる。自分で自分の激しさに驚いている。「正義が行なわれることを求めないんですか？」

わたしは彼女の答えを待つ。マルコス・ケサダについての詳しい話を付け加えない。電流が体内を走ったとき、その苦痛を逃れ得なかったとき、彼が感じたに違いないことを付け加えない。わたしは自分の質問を過度に芝居がかったものにしない。あの鉄板の上に横たえられて自分が死ぬのを知っていること、誰も自分を救ってはくれないのを知っていること、それが何を意味するかを、声に出して言ったりはしない。正義が行なわれることを求めないんですか？　それがわたしの尋ねるすべてだ。わたしはリポーターからの答えを待っている。その答えを待ち続けている。

＊

次に掲げるのは、一九八八年九月二十九日と同年十二月八日以後に起きたチリにおける拷問事件三十三件のうちの数件についての記述である。いずれも、当初の起訴状に含まれていたものだが、いまは、バルタサル・ガルソン判事によってさらに詳述されて、一件書類に加えられている。典拠は『チリ・真理と和解委員会報告書』および、その他の資料である。

ホルヘ・アントニオ・マルセロ・サラス・ロハス、二十二歳、理髪師。一九八八年九月二十九日サンティアゴで拷問によって死亡。検死報告によれば、死者は全身に多数の外傷を負っていた。頭骨の左後ろの頭皮の下に広範な出血が見られた。口唇に小規模な鋭い打撲による紫色の斑状出血、腋窩に紫色の半円形の斑状出血、顔面に小さな羊皮紙状の斑点と擦り傷、膝の裏側に斑状出血が見られた。また、死者が水に接触していたことを示す証拠がある。これは死の最終的原因を説明するかもしれない。

リンコヤン・ネリ・カセレス・ペーニャ、六十一歳、既婚。一九八九年五月七日コピアポで、警察の行なった繰り返しの打撲によって殺害された。彼は同年五月四日に逮捕されていたが、「明らかな癲癇の発作に襲われている」として、警察によって病院に搬送された。検死報告によれば、彼の死因は、鈍器によって作られた頭骨の複雑骨折を伴なう脳挫傷であった。他の拘留者たちは、隣の部屋でカセレスが殴られ、何度も悲鳴を上げているのを聞いたと証言している。

ガルソン判事はまた、セシリア・マグニ・カミーノとラウル・ペジェグリン・フリードマンの事件を追加した。二人の遺体は、それぞれ十月の二十八日と三十一日に発見された。どちらも鈍器による傷を負い、電気ショックを加えられた痕跡が残っていた。ペジェグリンの死因は水に浸けられたことによる窒息だった。そして一九八八年十二月十五日、ウィルソン・フェルナンド・バルデベニート・フイカ、電気ショックによる死。そして一九八八年十二月三十一日、ドロレス・パス・カウティボ・アウマダは繰り返し殴打され、彼女の妹は強姦するぞとの脅迫を受けた。そして一九八九年八月二十日と同年九月のある日（日付の特定は出来ず）、ジェシカ・アントニア・リベロナ・ニニョレスは、眠ることを許されず、彼女の九歳の娘は繰り返し脅迫された。ジェシカは裸にされ、暗い孤独な非衛生的な条件のもとで尋問された。そして一九八九年十月二十六日と同年十一月一日の間に、マルコス・パウルセン・フィゲロアは殴られ吊り上げられ、すぐに殺すぞと繰り返し脅迫された。また、彼の姉妹たちを拷問し陵辱するぞと脅された。そして一九八九年十月二十七日と同年十一月のある日（日付の特定は出来ず）、アンドレア・パウルセン・フィゲロアは、数日にわたり睡眠と水をあたえられず、彼女の五歳の娘は拷問にかけるぞと脅された。そしてクラウディア・バレラ・モヤとマルコス・アリエル・アントニオレッティ・ルイスとパトリシア・イラサバルとエルマン・セプルベダは、拷問によって死亡、そしてホルヘ・ムニョスは、縛られて、小さな檻に入れられ吊るされて電気ショックをあたえられた。そしてマルセロ・アルトゥーロ・ガライ・ベルガラとルイス・レイトン・チャモロと……

ピノチェト将軍の弁護団は、宣言した。――これらの事例はすべて、通常の警察の粗暴さを示すものに過ぎず、本件訴訟とは無関係である、したがって、引渡し問題の審理に際して、これらを考慮に入れないことを要請する。

＊

ピノチェトが逮捕される数ヵ月前、チリで一冊の本が出版された。著者は、チリの傑出したジャーナリスト、パトリシア・ベルドゥーゴ。彼女は父親を保安部隊に殺されている。この本には、一九七三年九月十一日、クーデター進行中における、ピノチェトとその陰謀仲間との間の双方向無線による会話が収載されている。わたしはこの記録をすでに一九八三年、半地下出版的なチリの雑誌『アナリシス』の誌上で読んでいる。しかし、いま、この情報は国のすべてのニュースタンドで売られているばかりか、一緒にCDも手に入る。ピノチェトの紛うかたなきどら声を聞けるのである。彼のあの声が、カルバハル提督に、アジェンデ（彼は、午前中のこの時間、まだラ・モネダに立てこもっている）のいかなる種類の交渉も受け入れてはならない、と告げるのを聞くのは、なんとも特別な気分である。あの声。一九七三年八月末にわたしが電話で聞いたあの同じ声。あの同じ声が、いま、あの数週間後、叫んでいる。飛行機を用意しろ、アジェンデとその手下どもを載せて飛び立たせるんだ、と。

いくぶんかの疑念がカルバハルの喉に忍び込むのが聞き取れる。アジェンデを去らせるのがいいことなのかどうか自信がないのだ。「彼らをとりあえず、捕虜にしては。それから考えては」カルバハルは覚束なげに言う。「とりあえず、捕虜にしたらどうなのだろう」

ピノチェトはカルバハルに弱腰だと思われたくない。それでカルバハルを安心させる。「わたしの考えは、だな」あのピノチェトの声は言う。「この旦那方（エストス・カバジェロス。ピノチェトは敵のことを言うとき、いつも、皮肉っぽくこの言葉を用いている）は捕まえて飛行機でどこへでも送ってやること。ただし、連中が飛び上がったところで、飛行機を撃ち落とすんだ」

このピノチェトの「考え」は少しあとにも繰り返される。カルバハルが、アジェンデは「パルラメンタール」しようとするかもしれない、つまり、この危機の打開策を議論することを求めるかもしれない、と言ったときのことだ。ピノチェトはひどく興奮して吼え立てる。「無条件降伏だ！ナダ・デ・パルラメンタール。議論なんか、なしだ！　無条件降伏だ！」

「わかった」カルバハルは答える。「ムイ・ビエン、コンフォルメ。了解した。無条件降伏。彼は捕虜にする。生命を尊重する以外のことは彼には約束しない、ってことだな」

「生命と身体の保全以外は、だな」ピノチェトは言う。「それから彼をどこかへ送り出すんだ」

「了解。では、彼を国外に連れ出すことは話していいわけだな」

ピノチェトは答える。「彼を国外に連れ出す話はしてかまわない。……しかし飛行機は墜落するんだよ、ビエホ〔友よ〕、飛行中にな」

そして、われわれはカルバハルが笑うのを聞く。いまや、ピノチェトが冗談を言っているのではないと、わかっているのだ。ことによると、ピノチェトのユーモア感覚に慣れてきたのだ。そして事実、数時間後に、アジェンデの死体が発見されたという知らせが伝えられたとき、チリの新しい支配者ピノチェトは、もう一つ、警句を吐いてみせる。死体をどうしましょうか？　そう訊かれてピノチェトはしばし思い惑う。死体を棺に入れて家族と一緒に飛行機に載せキューバに送り付けるか、それとも、チリで秘密裏に埋めるのが一番いいのではないか……。――彼は、アジェンデをチリの最初のデサパレシード〔行方不明者〕にすることを提案しているのだ。

それから、わたしは彼が不平を鳴らすのを聞く。「死んだとしても」と、ピノチェトは愚痴を言う。「この男は厄介ものだ。死んでからも面倒をかけやがるんだからな」

ここに彼がいる。われわれのピノチェトがいる。すべてのステーツマン的見せかけを剥ぎ取った、最も俗悪で、下品で、野卑なピノチェトがいる。

しかし、このような出来事で、われわれは目をくらまされてはならない。これは原理原則のない男だと、チリに対して世界に対して計画を持たない男だと、結論してはならない。

九月十一日の無線交信の二年後、クーデター二周年を祝って、将軍は、ディエゴ・ポルタレス・ビルでテレビ演説を行ない、人権についての考えを開陳する。彼は不満そうに言う。人権は、「世界のいたるところで、わが政府、わが国と」戦うための道具として用いられている。

彼は言う。人権は、普遍的で不可侵のものだ。しかし人権のすべてが無制限に行使されることはあり得ない。またそれらすべてが同じ重要度を持つものではない。この演説の中で、また他の多くの演説の中で、彼は、何度となく、病気と癌のイメージを用いて、彼が自国民の権利をどう理解しているかを説明する。「社会という肉体が病むとき、すべての人権を同時に享受することは可能ではない。わが同胞の巨大な多数は［人権の制限を］受け入れ支持している。暴力、テロリズム、全般的混乱に侵入された今日の世界の中で、わが国だけが、静穏、安定、社会的平和を確保している。わが国の大多数の人々は、人権の制限を、こうした安寧のために払うべき代価であることを理解しているのである」

ピノチェトはさらに言う。人権は、これらの権利を廃絶することを欲している者たちによって引き合いに出されるべきではないし、また彼らに適用されることもあり得ない。非常に多くの若者たちが、その親たちは彼らの反乱的信念を共有していないにもかかわらず、ファナティシズムと憎悪に毒されて、処罰せざるを得ないような行動に走っていることは、実に嘆かわしいことである。

「夫として父親として」ピノチェトはさらに続ける。「わたしはこの問題に心動かされている。わたしは、あれこれの家庭において［われわれの行動によって］引き起こされた苦痛を理解している。信じてもらいたいが、わたしの個人的感性にとっては、妥協して、「現行法に挑戦する者たちを」制裁しないほうが、はるかに容易であるだろう。しかし、もしそうするならば、わたしは統治者としての義務を裏切ることになる。権威が強力に適用されないとき、われわれは堕落に陥る。ひいては無秩序に陥る。その結果についてはは国家のすべての住民が代価を払うことになる。そして結局、最初から公的秩序を確立しておいた場合に必要であった以上に、惨憺たる状態になる。だからこそ、われわれの態度は不変でなければならない。それがチリとチリ国民の幸福のためなのだ」

チリとチリ国民の幸福のため、なのだそうだ。

一九九九年十月

　きょうは一九九九年十月半ば――実際には十月十四日――だ。きょうまでの七日間は、アウグスト・ピノチェトの人生にとって、またしても、容易ならざる一週間だった。わたしは、三月の上院における決定以来、ロンドンに来ていなかった。ところが、不思議な巡り合わせで、チェルトナム文学祭に行く途中、ふたたびロンドンを訪れ、ピノチェト問題の新しい展開を直接目撃することになってしまった。ロナルド・バートル治安判事が、上訴からほぼ一年の後に、引渡し審理の開始を認めるか、それとも、将軍を証拠不十分により故国に戻すかの最終的決定を下そうとしているのである。

　十月八日、ボウ・ストリートの治安判事裁判所の前で、わたしはまたしても、ニュースをラジオから聞くのでなく、ロンドンにおけるもう一つの判決に接することになった。今回、ダイアン・ディクソンはわたしを法廷に潜り込ますことができなかったが、わたしはあまり失望しなかった。彼女はすでに判決の前夜、リヴァーサイド・スタジオで、そのことをほのめかしていた。その夜、そこで、著名なイギリスのアーティスト、ピーター・グリフィンによる絵画とプリント作品の展示会のオープニング・セレモニーが行なわれたのだ。グリフィンの作品は、わたしの詩に発想を得たもので、この展示会は、ビクトル・ハラ財団の基金調達のためのものだった。会場は、イギリスの連帯組織のメンバー数百人をはじめ、チリの国外居住者やかつての亡命者たちであふれていた。その夜そこにいた人々の多くは、翌朝ふたたびボウ・ストリートに集まった。彼らは、わたしに、口々にこう言った。治安判事が決定を下すとき廷内にいないことで失う劇的サスペンスは、街路に立ち決定を待っているという特別の経験によって、十二分に埋め合わせされますよ、と。まさに、その通りだった。

治安判事裁判所の正面にあるコヴェント・ガーデンのオペラ・ハウスほどイングランド風なものもないだろう。近くにはテムズ川、左側には巨大な黒いタクシーが行き交い、雨傘を持った法廷弁護士たちが足早に歩いている。すべて、ロンドンの精髄である。それなのに、わたしは、これがすべて錯覚であるという印象を振り払うことができないのだ。なぜなら、わたしがボウ・ストリートで本当に向き合っているのは、チリだからだ。チリの一つの姿、あるいはむしろ、打ち砕かれたチリを映し出す歪んだ鏡だからだ。チリの二つの陣営は、この数十年にわたって対決してきている。わたしは、ロンドンにいながらにして、祖国に立ち戻っているかのような気がした。裁判所建物の一つの側面には（建物の正面にはもっと大勢が集まっている）、ピケテ・デ・ロンドレスの無数のメンバー。彼らは、ドラムを打ち鳴らし、シュプレヒコールを繰り返して、一年前からの絶え間ない抗議を続ける。しかも、彼らは孤独ではない。通りの反対側に、重々しい警官たちの密集隊形に護られてピノチェト支持者の一団が横断幕やプラカードを掲げている（「グラシアス、ヘネラル〔将軍よ、ありがとう〕」「われわれの救済者をチリに返せ」）。こちらも、すさまじい騒音の中で懸命に声を張り上げているのだが、さっぱり聞き取れない。こちらのチリ人――ほとんどが裕福な女性たちだ――は、ピノチェト財団の組織したツアーに参加してサンティアゴから飛行機でやってきた。

このツアーは、いかに将軍が世界共産主義からチリを救ったかという彼らなりの考えを、世界に知らしめるための企画である。さかんにかわされているジョークの一つは、——この「ピノツアー」はひどく費用がかかる、なぜなら、旅行者は二人分のチケットを買わなくてはならないから。一枚はビジネスクラスに乗る奥様の分、もう一枚は奥様にお供するエコノミークラスのメードの分、というものだ。しかし、二つのグループが互いに投げつけあう罵詈雑言は笑いごとではない。ピケテ組のなかの何人かの跳ね上がりが、裁判所に入っていくチリの右派政治家たちに赤いペンキも引っかけようとする。これも、あまり感心できることではない。骸骨の扮装をした青年が興奮して、警察の規制線を飛び越え、スリムで身だしなみの良いイヴリン・マッテイ上院議員につばを吐きかける。札付き右翼のマッテイは窮境にあるピノチェト将軍に付き従うためロンドンにやってきたのである。正直言って、わたしは、二つのグループの熱狂とヒステリアにいささか当惑している。屈辱を感じている、といってもいい。

ピノチェトが逮捕されて以来はじめて、わたしは、世界の目にわれわれの姿を見られたくない気持ちになっている。むしろ、チリ人相互の剥き出しの憎悪、対話に似たものさえないこのありさまを、世界の目から隠したいと思う。それとも、これは避けがたいことなのか？　あなたがあなたの独裁者を人類の裁きの前にさらすとき、あなた自身の欠点と弱点——すなわち、独裁者が遺贈してくれようとしている混乱した国——をもさらすことになるのは、避けがたいことなのか？　ピノチェトがわれわれの檻に入れられているのと同様、われわれは結局、彼の檻に閉じ込められて、彼のイメージやら彼の遺産やらを争っているのか？

評決はなかなか出ない。——人々は、次第に焦りといらだちを強めている。噂が流れている。今度は、決定は将軍に有利なものだろう。バートル治安判事はマーガレット・サッチャーの親しい知り合いであり、断固たる保守派だという評判を持っている。実際、引渡し要求を否定する判断が出ることを見込んで、スペイン政府は、最近の数週間に、ある外交的策略を行なった。ガルソンが上訴した場合、これを阻止し、ピノチェトを即座に釈放させるためのものである。その策略は発見され、つぼみのうちに摘み取られた。——しかし、こういう策略があったこと自体、バートル判事が、ガルソン側弁護士たちの立証が不十分であると結論するであろうことを、示唆している。

やがて、われわれの不安は——そしてホセ・マリア・アスナルのスペイン政府の、またボウ・ストリートの裁判所前で絶叫するピノツーリストたちの大いなる希望は——見当違いだったことがわかる。届いた評決は、これまでイギリスの法廷で将軍に対してなされたいかなる決定以上に、厳しくさえある弾劾である。バートルは、被害者たちに行なわれた拷問はそれぞれが孤立しているのではなく、国民全体を威嚇するための組織的意図的な謀議の一部であった、と見る。彼は、引渡しを進めるための十分以上の理由があると宣言している。これにより、ピノチェト弁護団は認められたばかりの証拠を否定することがより困難になるわけだが、それだけではない。この保守的な判事はまた、来るべき裁判において、一連の人道に対する罪については、法官貴族たちが三月の決定において認めた範囲を超える事件をも考慮することに同意しているのである。

これは何を意味するのか。わたしはその後数日かけてバートルの決定を読み、認識するにいたるのだが——つまり、ガルソンは、イギリスの法廷に提示する証拠を、ピノチェト在職最後の一年半の期間の拷問犠牲者の運命に限定する必要はない、ということだ。クーデター以来の、チリにおけるすべての未解決の行方不明事件を証拠に加えてよいということだ。何年も前に拉致され、その遺体がいまだ見つかっていない人々の事件は、バートルによれば、進行中の違法行為、終了していない犯罪行為を構成する。それについて、ピノチェトは、まだ、いまこの瞬間においても、責任がある……。イギリスの治安判事はさらに、行方不明者の家族の苦しみについて特別に一パラグラフを書き加え、彼らが味わっている永続的痛苦のただならぬ残酷さも引渡し審理の際に考慮に入れられるべきだ、と述べている。

この注目すべき判断で興味深いのは、これが、チリ人判事ファン・グスマン・タピアによって精密化され発展させられた論法と響きあっていることだ。グスマン判事は、サンティアゴで、一九八八年一月二十日以来、ピノチェト体制下の一連の行方不明事件を、恩赦や免責特権を元大統領に適用することを拒否して、忍耐強く調査しているのだ。バートル治安判事同様、グスマン判事は、こう考えている。ピノチェトは誘拐のかどで起訴し得る。誘拐は、生死にかかわらず被害者の肉体が発見されない限り、終了することのない犯罪である、と。

そして、なぜそれが重要なのか、チリで、孤独な判事がたった一人で、何をしているのか、あるいは、何をしていると夢想しているのか？　彼の将軍追及は無駄な努力ではないのか、――もしピノチェトの運命がここロンドンで決まるなら、あるいはその後マドリードで決まるなら？　今回の評決は、元独裁者が結局のところスペインへ引き渡されるしかないことを、保証したのではないのか？

事実上、それはチリ政府の結論である。引渡しへの法的挑戦の手段は尽きてしまった。あるいは拒否に次ぐ拒否に遭うだろう。だから、確実に、他の何かを試みるべき時が来ているのだ。バートルの決定のわずか六日後、きょう、一九九九年十月十四日、イギリスのマスコミは、チリの外務大臣がブレア政権に、アウグスト・ピノチェト将軍——間もなく八十四歳となる——を医学的検査にかけるよう要請した、と報じた。ピノチェトは不健康と記憶力低下のゆえに裁判を受けられなくなっているのではないか、そうだとしたら、彼のサンティアゴへの即時帰還を許可すべきではないか。それを医学的検査によって決定すべきだ、というのである。司法的プロセスを避け、被告の健康状態に焦点を当てる。こうやれば、イギリス内務大臣ジャック・ストローも、正義の追求に介入したという印象をあたえずに、体裁よく将軍を帰還させることができるだろう。これがチリ政府の読みなのだ。結局、ピノチェト将軍がマドリードの法廷で彼の被害者たち一人一人と直接向き合うことを夢みるわが仲間の者さえが、もしこの被告が（あるいは他のどの被告であれ）完全な意識を持たないのであれば、裁判にかけるのは無意味なことだと、しぶしぶ認めるしかない。それはそうだろう。法廷で裁かれるのが単なる人間の抜け殻であり、意識のない人間の外装であり、もはや事実上ピノチェトその人ではないとしたら……。

ピノチェトには裁判を受ける能力がないとする、チリ当局によるこの外交的攻勢が成功するかどうかは明らかでない。しかし、いま初めて、本格的な国際的圧力がかけられようとしている。それを示すさまざまな徴候がある。現在のエドゥアルド・フレイ大統領の政権が、これまで、ピノチェトの逮捕を、チリにとって大災厄ではないと考えていたというのではない。政府支持者のうち左派の多くは、海外でのピノチェトの裁判を熱狂的に支援して、コンセルタシオン★19すなわち与党連合の内部に、絶え間のない緊張の原因を作り出してきた。事実、コンセルタシオンに所属する議員の何人かは、ロンドンにおもむいて、ピノチェトに不利な証言を行なった。最も有名なのは、かつての大統領の娘イサベル・アジェンデ（作家と混同しないこと）と、アジェンデ政権の殺害された国防大臣・外務大臣の息子ファン・パブロ・レテリエルだ。彼らはロンドン滞在中、あろうことか、チリ大使館の使用を断わられた。右派の政治家は同大使館で歓待されているというのに、だ。この出来事は、ほとんど、社会党の政府からの離脱に繋がるところであった。右派はどうか。彼らは、チリの国際的屈辱と主権の喪失をさかんに慨嘆して、自己の超国家主義的言辞を飾り立て、政府には祖国を擁護する能力がないと糾弾している。軍内部のよりファシスト的な部分は、なにやら勢いづいている。彼らは、二十年にわたる政治的行動主義と市民生活への介入のあと、軍隊を兵舎の中だけに留めておかなければならなくなったことに不満をいだいていた。これを機に、そういう緩慢なプロセスを中断できるのではないか、と見ているのだ。そしてもちろん、イギリスとスペインでの、ピノチェト訴追。これは、めでたいことに、（フランスとベルギーとスイスもまた逮捕状を出すなど）ますます盛り上がりを見せ、チリの民主主義政権がピノチェトとその仲間たちを扱うときの弱さと卑怯な臆病さとは、くっきりした対比を見せている。

この進行中の危機は、このところ、大統領選挙が迫ってきたことによって、いっそう悪化している。今年十二月に行なわれる大統領選挙で、アジェンデの一千日以来初めて、アジェンデに比べるとずいぶん生ぬるいとはいえもう一人の社会党員が、コンセルタシオンの候補者となっている。これはチリの民主主義への回帰のテストである。社会党員で、かつてアジェンデ政権の有力閣僚であり、おまけに無神論者であるリカルド・ラゴスが、国家元首の候補として受け入れられ得るか、陸軍によって拒否されないか、経済界によって妨害ないしはサボタージュされないか……。独裁下で投獄され、ピノチェトに公然と対決したことで有名になったラゴスは、巨額な資金に支えられたポピュリスト右派候補ホアキン・ラビンを相手に困難な選挙戦をたたかっている。ラビンはかつては熱烈なピノチェト支持者だったが、ピノチェトの逮捕以後、彼から距離を置いている。一種の韜晦《とうかい》作戦である。もし将軍が帰国することになっていたらこんな芸当はなかなか出来なかっただろう。

では、これは、ピノチェトがその弟子たちのためにやっている最後のサービスなのか？　ピノチェトの不在。そのことこそが、ピノチェト追随者たちの権力への復帰をみちびく逆説的条件なのか？

いや、もう一つのサービスがある。ピノチェトによる、彼の大義のための、別の種類のサービスがある。コンセルタシオン政府はこのサービスをよりいっそう恐れてさえいる。そして、それゆえに、政府は、新しい外交的攻勢に、これまで見られなかったほど熱心に取り組んでいるのだ。右派はピノチェトに何を期待しているのか？

海外で死ぬことだ。それが彼らの望みなのだ。

海外で死ぬことによって、多くの分析者たちによれば、彼は殉教者・犠牲者になりおおせる。チリの独占的右派マスコミによって、ヒーローに変身させられる。外国の獄舎で息絶えることによって、彼は、主権国家たる祖国の権利を擁護しつつ、一般民衆に捧げた生涯の、最後の犠牲的行為をなしとげる。民衆は彼に背を向けた。しかし、彼らもいつの日か彼の偉大さを認識するに違いない。

彼はまさに自分がそうありたいと願っていた通り、エル・ヘネラル・デ・ロス・ポーブレス〔貧しき者の将軍〕であった……。ピノチェトの海外での死は、彼が国内で犯したすべての犯罪を消し去ってしまう。彼の亡霊が、彼がつくりだし、いまなお埋葬されることを求めて虚空をさまよっている行方不明者たちの亡霊を覆い隠してしまう。チリ保守派にとって、これほど都合の良いシナリオがあるだろうか?

「もし彼がイギリスかスペインで死ぬならば、われわれは永遠に彼から逃れられないだろう」フレイ政権の高官である友人が、この問題を話し合うためにロンドンから電話したわたしにこう言う。「送還させることができれば、彼をチリで裁く真のチャンスが生まれるんだ」

しかし、どうだろうか。現在でさえ、ピノチェトを実際にチリで裁判にかけることができるだろうか。わたしには疑問である。たしかに、選挙戦の中で、多くの著名な元ピノチェト支持者が、スペインやイギリスの裁判所でなくチリの裁判所がこの問題を解決すべきだと言明することを余儀なくされている。そして裁判所自体が、二十年以上の歳月の中で初めて、真の独立性を示し始めている。たとえば、ピノチェトお手盛りの恩赦法を、行方不明に関する諸事件に適用することを拒否し、またこれら事件の訴訟を軍事法廷から奪っている。しかし、もしピノチェトが実際にサンティアゴに帰ってきたとしたら、はたしてどうなるか、これはまだ予断を許さない。かつての総司令官が指紋を採られ、自宅に軟禁され、裁判所で罪状認否を問われるのを、チリ陸軍が手をこまねいて見ているとは、わたしには考えられないのだ。スペインであるならば、あるいはイギリスであるならば、チリ陸軍も、判事や政府や警察や世論に圧力のかけようがない。だから、わたしには、次のことが自明のことに思えるのだ。――もしわれわれが正義をかちとろうとするならば、公正な裁判の保証を得ようとするならば、裁判は、国内ではなくて、外国で行なわれなければならない。

ジャック・ストローが医師たちを呼び集め、老いた独裁者の健康チェックをしようとしている。わたしは、思いもよらないことをしている自分に気がつく。遠い昔、電話でピノチェトの声を聞いたことがあるが、あのとき以来初めて、わたしは、われらの将軍が長く健康な人生を生きることを願っているのだ。医師たちが、彼の肉体は健康であり、彼の精神は正常であると診断しますように。彼の心臓はあと何年も鼓動するだろうし、彼の精神的能力は、彼があれほど多くのわたしの友人の死を命じたときそうであったのと同様に、鋭敏であると、発表しますように。

ピノチェトがあと何年も生き続けますように。

二〇〇〇年三月

以下に掲げるのは、イギリスの内務大臣ジャック・ストローが二〇〇〇年三月二日木曜日に発表した声明の抜粋である。

「わたしは本日、ピノチェト上院議員のスペインへの引渡しを命令しないことを決定した。この決定は一九八九年の外国犯罪人引渡し法十二項に基づくものである。わたしはまた、スイス、ベルギー、フランス等からの引渡し要請に関して、当局にこれに応じさせないことを決定した。……

「二〇〇〇年一月十一日、ピノチェト上院議員の代理人およびスペイン王国の代理人に、通知した通り、本大臣は、ピノチェト上院議員に関する医学報告書の作成を依頼した。この報告書は二〇〇〇年二月六日に内務省に届けられたが、その趣旨は、ピノチェト上院議員は訴訟能力のない状態にあり、そしてその状態についていかなる重要な改善も期待され得ないというものであった。……

「一九九九年十月十四日、ピノチェト上院議員に関する治安判事［バートル］の決定の直後に、本大臣は、外交チャンネルを通して、チリ大使館からの要請文を受領した。これには、複数の医学的報告書が添えられており、その報告には、ピノチェト上院議員の健康に……最近、重大な悪化があったことが示唆されていた。本大臣はそれゆえ、ピノチェト上院議員に、本大臣の任命する医師団による検査を受けるよう促すことを決定したのである。その目的は、関連する臨床的事実について、独立した、総合的で権威ある報告を得ることであった。……

「(報告書中の)重要な事実は次の通りである。

「医師団は……次のように結論した。ピノチェト上院議員は、現在、精神的能力において、裁判に有意的な参加を行なうことは不可能である。理由としては、(一)最近の出来事、遠い出来事の双方について記憶の欠損が見られること。(二)複雑な文や質問を理解する能力が限定的であること(これは、記憶欠損、およびそれに伴なう、言語情報を適切に処理する能力の低下によるものである)。(三)自分の意思を、声に出して簡潔かつ系統立てて表明する能力に欠けていること。(四)きわめて疲労しやすいこと、などが挙げられる。

「これらの障害により、ピノチェト上院議員は、弁護人と相談するに十分なほどに裁判過程を理解することは不可能であると思われる。彼は、自分に対してなされる質問の内容や含意を理解するのが困難であり、また、この困難さについて不適切な判断をいだくであろうと思われる。

「この医学報告書で確認された障害は、いずれも、広範な脳の損傷に起因するものである。これは主として、一九九九年九月・十月にピノチェト上院議員が数次におよぶ脳卒中発作を経験した際に起きたものと思われる。……

「医師団によれば、彼の肉体的精神的条件がさらに悪化することは十分あり得ることである。……また、ピノチェト上院議員が無能力をよそおっているという証拠はない。……ピノチェト上院議員の外見的態度が彼の精神状態を必ずしも正確に反映していないことを指摘しておくことも重要である。生来的に高い知能レベルを持つ人々は、その特徴として、自分の認知機能の重要な障害を表面的に覆い隠すことが可能なのである。……

「本大臣は、次のように助言された。ピノチェト上院議員のような健康状態にある被告の裁判は……、いかなる国においても公正な裁判とはなり得ず、またヨーロッパ人権条約加盟国においては、同条約第六条に違反することになるであろう、と」

*

こうして、古狐はまたしてもわれわれをたぶらかしたのだ。

きょう、二〇〇〇年三月三日、わたしは、アウグスト・ピノチェト将軍が飛行機から車椅子で出てくるのを見る。将軍は軟禁十七ヵ月の後にロンドンからチリに帰ってきたのである。十七ヵ月。彼の独裁期間の一年につき一ヵ月。なんとも不思議な数字の相互関係である。もしかすると、独裁者が罰をまぬかれることを許したこの宇宙にも、一種深遠な正義のバランスがあるのだろうか。

これが、われわれの夢の終わりなのか？　独裁者は雨のイギリスを明け方に逃れた。チリ空軍の巨大ジェット機は、被害者たちが駆け込みで上訴を申し立ててくる前に、大あわてで離陸した。途中、大西洋の真ん中、アセンション諸島で燃料補給のため着陸した。ここはロンドンとサンティアゴの間の唯一のイギリス領土であり、イギリス司法権の下にあって、将軍が地上に降り立ってインターポールに逮捕されずにすむ唯一の場所であった。帰国したピノチェトは、少なくとも、これから先は、自国から一歩も出ることはできない。二度とふたたび、旅をして、ロンドン、ボンド・ストリートの贔屓の洋服店を訪れることはできない。これが、われわれの慰めなのか？

わたしは、ピノチェトのチリへの帰還を、ここノースカロライナの自宅のコンピューター画面で見ている。あるテレビ局がサンティアゴ空港から中継しているライブ映像を、ウェブが配信してくれている。

ブラス・バンドが、あるドイツの行進歌を演奏し始める。ピノチェトの大好きなドイツの軍歌だ。これらはプロイセンの将校たちによってわが陸軍にもたらされた。彼らのおかげでチリ陸軍は、すでに十九世紀に！　効率的な殺人マシーンになっていたのである。車椅子がチリの土の上に下りてくる。いや、まだ土ではない。まだだ。ピノチェトは、赤い絨毯——けばけばしいまでに赤い絨毯の上に下ろされたのだ。赤い絨毯は、本来、外国の首脳や国家元首を迎えるためのものだ。正義からの逃亡者にこれを使うなど、不適切きわまりない。実際、この歓迎式典は一種の挑発行為と見ることができる。いかなる文民当局も、明白に、これに同意していない。政府関係者は一人も列席していない。チリ陸軍総司令官リカルド・イスリエタが、いま、ピノチェトに近寄る。ピノチェトは視線を上げて、相手を認識する。それから突然、そうだ、彼は立ち上がる。長い拘束を脱して、勝ち誇ったように起立する。イスリエタに抱擁《アブラソ》をあたえる。それから片手を高く上げ、もう一方の手でステッキを握って、歩き始める。比較的しっかりした足取りで、兵士たちを閲兵する。兵士たちは、まるで勝利の戦場から凱旋した英雄を迎えるかのように、敬礼を捧げている。バンドがまた別のドイツの軍歌を高らかに演奏する。いまやピノチェトは妻子の歓迎を受けている。一人一人とハグをかわしている。空港の外側で何時間も待っていた支持者たちの群れが一斉に声を上げる。ピノチェトはそちらを向き、両手を高く上げて歓声に応える。それから、ヘリコプターに運びこまれる。テレビのコメンテーターによれば、国軍病院に行って、健康チェックを受けるのである。そこではまた、支持者の群れが待っていて、よりいっそう熱烈な歓声と賛歌で彼を迎えるのだ。ウェブキャストはサンティアゴのバリオ・アルトの様子を映し出す。山脈に近い高級住宅街。家々はチリ国旗で飾られ、着飾った令夫人たちは、愛する指導者が解放されたことで感涙にむせんでいる。

もちろん、こうした情景を逐一見せつけられるのは、腹立たしいことだ。最後の瞬間まで、ピノチェトのスペインへの引渡しを要求した人々は彼の帰還をストップできそうに見えたのだ。最後の二ヵ月、ストローの決定と医学報告書に挑戦する、一連の複雑な動きがあった。イギリスの卓越した神経科医たち、マドリードやチリや世界各地の傑出した精神科医たちが、彼ら自身の報告書を提出している。いずれも、きわめて詳細に(そして、わたしのもちろん偏った意見によれば、説得力をもって)、イギリス内務大臣に依頼された医師団のおかしたさまざまな医学的誤りを指摘している。これによれば、ピノチェトは裁判を受ける能力がないという鑑定結果は完全に否定される。しかし、これらの全面的批判のどれ一つとして、証拠としては認められなかった。スペイン政府がストローの決定について異議申し立てをしなかったからである。それでも、しばらくは、ピノチェトは土壇場になってもう一年拘束されることになるのではないかと見られていた。六つの人権団体とともに、ベルギー(この国は近年、ジェノサイドの罪については、世界のどこで起きたものであれ、自国の裁判所にこれを追及する権限をあたえるという法律を制定、これにより、免責特権に反対する闘いに最も熱心な国になりつつある)が、三人の最高法院判事に、ストロー決定の完全な司法的見直しを同意させたからである。しかしその可能性は尻すぼみとなり、また、将軍をイギリスに留めておくための、ぎりぎりまでの法的努力も不発に終わった。

きょうの『ロンドン・ガーディアン』紙のジェイミー・ウィルソンの記事によれば、われわれは一杯食わされていたらしい。騙されていることも知らず、ピノチェトはイギリスに留まるだろうなどと考えていたわけだ。実際には、裏取引は何ヵ月も前に済んでいた。一九九九年六月、リオデジャネイロでのサミットの折の秘密会談で、イギリス外務大臣ロビン・クックとスペイン外務大臣アベル・マトゥテスは、事態はすでに限度を越えているという点で意見の一致を見た。クックは、ピノチェトについて「わたしは彼にイギリスで死んでもらいたくない」と言い、マトゥテスはこれに応じて、「わたしは彼にスペインに来てもらいたくない」と述べたという。だから、チリ外務大臣フアン・ガブリエル・バルデスが、九月の国連のある会議で、クックに、ピノチェト将軍の健康状態の悪化はその帰国を容易にする方法ですぞとほのめかしたとき、取引は成立したのだ。

たぶん、わたしは、それを去年のうちに気づくべきだった。ピノチェトの手の写真がメディアに出はじめたとき気づくべきだった。むき出しの、ぶるぶる震える、弱弱しい手。わたしは、それらの震える老いさらばえた手が、世界の人々の目にさらされることに、なにがしかの満足を覚えた。わたしは、それらの手がいまは慈悲を乞うていると思った。少なくとも裁判は、これらの手から、手袋を奪い取った、剥ぎ取った。これらの手を、隠れ場所から引き出した。そう思った。しかし、それはすべて策略だった。人々の同情を買うための作戦だった。ＰＲ戦術だった。

彼を乗せたヘリコプターがサンティアゴの靄のかかった青空に上昇して画面の中の一点になっていくのを見ながら、わたしはまたしても自分に問う。わたしはピノチェトの謎の解明に少しでも近づいたのだろうか。——ピノチェトの謎とは、結局のところ、きわめて普通で凡庸にさえ見える人間に、どうしてあのように巨大な悪が生じ得るのか、という問題だ。彼の精神状態に関する非常に多くの病理学的報告、最近数ヵ月の間に医師、精神科医、専門家たちが彼に対して行なった非常に多くの検査、非常に多くのカルテや分析や診断、——しかし、これらは、いかにして一人の知的人間が悪逆無道になるかという最重要な疑問に何も答えていない。

ああ、彼の思考の中に、記憶の中に入り込むことができたら。裏口からそっとしのびこみ、彼の知っていることを探り出すことができたら。アジェンデ在世中のあのとき、ラ・モネダ宮殿にいるわたしに電話線の向こうからあの声で話しかけたとき、彼は自分のなかで何を沈黙させたのか。また、十年後の一九八三年のあの日、サンティアゴのあのわびしい街角で、わたしに向けて手をひらひらと振ったとき、彼はひそかに何を命令していたのか。——それを知ることができたら。

ジャック・ストローは、ピノチェトの精神活動は非常に弱まっており、自分に起きていることを理解できない状態だと述べた。しかし、わたしは、そうは思わない。ピノチェトは、まだ、完全に、機敏に、彼自身であるはずだ。いいかえれば、彼は、自分が誰であるかを、自分のやったことを、自分がどんな命令を発したかを、正確に記憶しているはずだ。疑いもなく、彼は、今朝あなたは朝食に何を食べたかというような、まったく単純な質問に答えることができるはずだ。そして、朝食といえば、——あなたは何年にもわたって、毎日早朝、一時間半かけて、あなたの秘密警察の長官であるマヌエル・コントレラス将軍と朝食をともにしていたが、そのことを覚えているか、という質問にも答えられるはずだ。そんなに多くの時間、そんなに多くのコーヒーを飲んで、あなたは、一度も、政治的反対者たちの行方不明事件について話さなかったのか？ 彼らについて関心はまったくなかったのか？ ジャムつきトーストを食べながら、あなたは一度も、コントレラスの支配する暗い地下室の中で何が起きているか、話題にしたことはないのか？ そうした地下室から聞こえてくる絶叫は、そのあまりのすさまじさに、街を行く人々はあなたの政治に歯向かったり楯をついたりする気をなくしてしまうほどだったという。あなたはその絶叫の話をしたことはないのか？

これらの質問と、非常に多くの他の質問がまだ、答えを待っている。そして誰もがいま考えているのは、それらの質問がスペインでなされることがなくなった以上、チリ国内でそれらへの広範な回答が要求される可能性はまだあるのかどうか、である。なんといっても、チリ政府は、ピノチェト将軍をその祖国で裁判にかける条件は存在すると、終始主張してきた。これらの言明が真実のものであったのか、それともピノチェトを釈放させるための単なる戦術であったのかは、もうすぐわかることである。シグナルは種々雑多だ。僅差ながら、社会党員としてはアジェンデ以来初めてチリ大統領に選ばれたリカルド・ラゴスは、正義は行なわれなければならないと宣言したばかりだ。しかし、連立政権内部の他の人たちは、もし外国の医師たちがピノチェトを外国での法的手続きの試練から免除したのなら、同じ理由により、彼がチリで裁判にかけられることはあり得ないのは明白だと言っている。右派の側も同様に分裂しているようである。保守派議員の一部は、ピノチェトは祖国で裁かれるべきだという、派手な主張からすでに後退しつつあるが、一方、他の人々は、とりわけ、先の大統領選挙で四八パーセントを獲得したホアキン・ラビンは、元独裁者から距離を置こうとし続けている。

カメラは続いて行方不明者家族会を映し出す。この人々は、前日から、終夜のキャンドルライト・ヴィジル★[20]を行なっていた。ビビアナ・ディアスが現われる。彼女は父親ビクトルを二十八年前に奪われ、その後一度も会っていない。ビビアナはリポーターに語る。これは茶番劇です。ピノチェトはイギリス内務大臣を騙そうとするだろうと、わたしたちは世界に警告してきました。いまや彼は、彼の病気を信じたすべての人をあざ笑っています。……でも、彼は犯罪者として戻ってくるのです。ですから、わたしたちは、正義を要求するつもりです。彼はここチリで裁判にかけられるでしょう。

彼女は正しいのか？　わたしの夢はまだ実現できるのか？　それとも、わたし自身の心が熱病的になっていて、あり得ない世界の幻想でもって、法律を超越した人間などいない未来世界の幻想でもって、自分を慰めているのか？

しかし、その日しばらくたってからのことだが、サンティアゴからのニュースが、ファン・グスマン判事の言明を伝える。彼は現在、ピノチェトに対する五十九件の訴訟事件を捜査している（名乗り出て告訴に加わる家族があとを絶たないので、さらに毎日、一件ないし二件が追加されていくだろう）。判事は言う。「わが国でしかるべき裁判を行なうための条件は整ったと思う。来週月曜から、わたしはこの仕事に専念するつもりだ」

もちろん、この記念碑的任務を開始するためにも、まず、彼は、将軍から議員免責特権を剥奪することを求めなければならない。そのためには、現職上院議員に対してそのようなドラスティックな手段をとることを正当化するだけの、犯罪行為の十分な証拠があることを、控訴裁判所に、そして究極的にはチリ最高裁判所に、証明しなければならない。これからの数ヵ月、そしてたぶん数ヵ年にわたって、われわれが注目しなければならないのは、最高裁判所である。最高裁判所判事たちはどのような意見をもっているのか、彼らの間にどのような秘密の同盟が形成されているのか、見きわめなければならない。われわれは、一昨年来の経験で、いままで知らなかったイギリスの法廷弁護士や治安判事や法官貴族たちの決定に詳しくなったが、それと同様、自国の裁判官のことも熟知しなければならない。

チリの裁判所には顕著な変化があった。最高裁判所は、あまりにも長い間、ピノチェト支持の砦であった。――アジェンデ打倒クーデターを公然と歓迎し、デサパレシードスのための人身保護令状を受け入れることを拒否し、調査できたはずの、そしてたぶん、緩和することもできたはずの不法行為に見て見ぬ振りをし、一九九〇年八月にいたっても、陸軍総司令官ピノチェトが部下の身に何か起きたら深刻な結果があるぞと警告したとき、全員一致で、一九七八年の恩赦法は合憲であると宣言した。これはつまり、下級裁判所に、行方不明事件を調査することさえも禁じるものであった。そして一年後、一九九一年、最高裁判所は、カルロス・セルダ判事を、十三人の行方不明者の事件に恩赦法を適用することを拒んだがゆえに、二ヵ月の給与なしの停職処分にした。一九九三年には、プラッツ事件について調査することを拒絶した。一九九四年には、一九七六年に殺害されたスペインの外交官カルメロ・ソリアの事件を、下手人であるピノチェトの工作員たちは犯行について自白していたにもかかわらず、打ち切った。一九九五年には、ピノチェトが、かつての学生運動指導者アルトゥーロ・バリオスに対して訴訟を起こすことに同意した。バリオスは、暴君ピノチェトは軍事独裁時代の人権侵害のかどで裁判にかけられるべきだと公言した人物である(バリオスはその結果投獄された)。さらに一九九七年、最高裁判所判事たちは、全国の下級裁判所に、審理中の人権関係訴訟のすべてを、恩赦法を適用することによって、急速に解決し処理してしまうよう要請した。過去から現在にいたる、国家権力への恥ずべき追従の歴史である。

とはいえ、民政移管後の二人の大統領による任命は、徐々にではあるが、潜在的に独立的な司法部を創出し始めている。一九九七年の終わりまでに、最高裁判所は初めて、ピノチェトの恩赦法の適用を破棄することを決めた。そしてある単独の決定の中で、軍事法廷が他の諸事件を打ち切ることを許さなかった。将軍が陸軍を去り終身上院議員になると、この種の決定がより頻繁に起こり始めた。そしてピノチェトがロンドンで逮捕された瞬間から、いっそうこうした動きが強まり、相当数の退役した(そして数人の現役の)軍関係者に対する新しい訴訟が増えていった。さらに重要なことは、恩赦法により打ち切られていた一連の訴訟が再開されたことである。――これは、軍、とくに陸軍の関係者を不安に駆り立てた。彼らを弱体化させる訴訟が数限りなく起こされそうだった。

捜査を積極的に進めようとするこの新しい態度は、最高裁判所によって「ニュー・ドクトリン」と呼ばれている。――そして最高裁判所判事の何人かは、次のような決定を下している。独裁時代の犯罪は精査されるべきであるばかりか、たとえそれらが恩赦法によって認められている期間中に犯されたものであっても、当該法は適用され得ない。なぜなら恩赦法はチリが調印している、

（捕虜の取り扱いについての）ジュネーヴ条約のような、国際諸条約に違反しているからである……。問題は、ピノチェトが帰国しているいまも、この勢いが続くかどうかだ。もしかすると、もはや、チリの裁判官は将軍とその子分たちを裁判にかけられるほどに独立的であると世界に証明してみせる必要がなくなった現在、司法の行動性への意気込みは尻すぼみになるかもしれない。それとも、チリの裁判所への注視は今後も続き、彼らにその約束を実行させるだろうか。世界の目は、この国で起こることを見ようと釘付けになっているだろうか、――この事件がどのように終わるか、一九九八年十月ロンドンでのスコットランドヤードによる急襲によって始まったこの物語、そしてその最後の幕はまだよそで書かれつつあるこのドラマが、どのような結末を迎えるかを、見守っているだろうか？　それとも、事件が人間の歴史の遠い周縁部に追いやられ、マドリードやロンドンやワシントンを巻き込まなくなった現在、ドラマの結末について気にする者など、もはや、いないのだろうか？　そうだ、ピノチェトは、他者たちがもう背負いきれなくなった重荷として、われわれに投げ返されているのではないだろうか？

こいつはあんたたちのモンスターだ、あんたたちで処分したまえ、というわけだ。

しかし、これは、わたしが希望していたことではないだろうか？　祈っていたことではないだろうか？　将軍のおかげで、世界は、画期的な先例を確立することができた。人道に対する罪を犯した国家元首は、損害を受けた人々を代表する世界のいかなる法廷によっても裁かれ得るという先例を。だから、いま、われわれは、途方もない機会をあたえられようとしているのではないか？　彼を、生まれ育った祖国の土の上で、いま一度裁判にかけるというチャンスをあたえられようとしているのではないか？　もちろん彼の脱出劇は、いかに卑しむべきグロテスクなことであったとしても、われわれにとっては苦い後味の残る出来事である。すべての人間が法によって平等に扱われているのではない、ピノチェトのような人物には特別の配慮と特権があたえられている、何も変わってはいないではないか、と思い知らされた。この苦い思いを拭い去るチャンスがあたえられたのではないだろうか？

政府によってあれほど頻繁に引き合いに出されたチリの主権が、真のテストを受けようとしている。主権は、軍隊を従属させることを意味する。しかし、軍隊は、彼らを二十五年間率いていた男が普通の市民として扱われるのを見ることに抵抗するだろう。ピノチェト支持者たちがこの国の少数派であることは、すべての自由選挙、すべての世論調査によって明らかである。主権は、そういう彼らにわが国の民主主義を阻止することを許してはならないことを意味する。われわれの主権は、われわれの過去に対する主権を意味しなければならない。

なぜなら、ヘフェ・マクシモ〔最高権力者〕は単独で行動したのではないからだ。

多くの人々が、あまりにも多くの人々が、これらの犯罪に参加した。もちろん、最初にあげるべきは、将軍の命令を実行した、数百人の軍事要員とその民間協力者だ。彼らは、引き金を引いた、ナイフを突き刺した、電流を通す金属板を取り付けた。そして、いうまでもなく、凶行を行なうためのさまざまな物資を購入した者たち。帳簿をつけ、購入予算の帳尻を合わせた者たち。地下室を借り、そこを清掃した者たち。工作員の給与を払い、報告書や告白をタイプし、戦士たちがその叙事詩的任務に飽きたときにはコーヒーやクッキーを出してねぎらった者たち。そしてもっと目立たない数千数万の者たち。彼らは、同国人の身に襲いかかっているあのような違法行為を、事実を熟知しながら、否定した。あるいは、野蛮なマルクス主義者どもの群れを服従させるために不幸なことながら必要な、一種の「付帯的損害」として正当化した。

わたしはコンピューターの電源を切る。サンティアゴの夏の強烈な太陽の下で、歓喜に満ちたファシスト大衆が、帰ってきた英雄を熱狂的に迎える光景など見たくもないし見る必要もない。それでも、思いは彼らの仲間たちのことに及んでいく。犯罪に目を閉ざした者たち。犠牲者たちの絶叫を無視することを決めた者たち。家庭で、そしてしばしばより公的な場所で、行方不明者の母たちは狂っている、ウナス・ロカス〔狂女たち〕だ、ああいう女たちに必要なのは一発やることだ、とうそぶいた者たち。そして、軍事独裁を好機として、富をたくわえ、公企業を法外な低価格で買いとり、わずかでも不服従のしるしを見せそうな労働者を片端から馘首した者たち。そして、後に民主主義が到来したとき、忘れることを選んだ者たち。苦痛がわが国土の処々方々の路地に打ち捨てられ、苦悩がわが国土の精神と記憶から漏れ出ているときに、健忘症と熱狂的消費を選んだ者たち。自分たちの沈黙によって、ピノチェトが栄えるのを、ピノチェトが存在するのを許した、きわめて多くの者たち。

これらすべての人々は、もしピノチェトが裁かれたら、自分に問わねばならないだろう。わが国の正義の欠如に、自分はどの程度まで責任があるのか？　この状況を正すために、自分は何をする用意があるのか？

ピノチェトは鏡である。彼の帰国は、われわれがそれをのぞき見て、みずからの素顔を知る歴史的好機である。われわれは本当に彼を裁く用意があるのか？

これは、われわれがわれわれ自身に問う必要のある質問である。――われわれの運命をかくも長い年月にわたって支配した男の、現身《うつしみ》に、また、狡猾なあるいは衰弱した精神に、何が起ころうと、そして、免責特権があろうとあるまいと、裁判があろうとあるまいと。

われわれは、ピノチェトを生み出した国を裁く気があるのか？

この質問。この究極的鏡。これを、将軍は、われわれの境界を超えた向こうの世界から、ひねくれた素晴らしい贈り物のように、われわれに投げかけている。

これは、いま始まったばかりの夢なのかもしれない。

＊

「もし病院の中に爆弾があり、そして、ある男が、その爆弾の置かれた場所について情報を持っていることを、きみが知ったら、きみは何を考えるかね？　その男はきみに、『おれは何も知らないから、何も言わないぞ』と言う。きみはどうする？　わたしは、本当に、きみに訊きたいんだよ。その男が『おれは爆弾がどこにあるか知らない』と言うのを、きみは、はい、そうですかと言って聞いていられるのかね？　このままだと、罪のない人々が死ぬ。患者を避難させる時間はない。きみはただおろおろと、爆弾が爆発するのを待つのかね？」

一九八九年、あるインタビューの中でピノチェトが語った言葉である。

われわれは何度、こうした議論がなされるのを見てきたことか。誰かが言っているのが聞こえるではないか。場合によっては、われわれの中の最も文明的な人々だって、容疑者を拷問するかもしれない、無辜の市民たちを爆撃するかもしれない、弁護士を立て公正な裁判を受ける被告の権利を制限するかもしれない、——いずれも、無辜の民を救うためには、やむを得ないことなのだ、と。

たぶん、ピノチェトの恐ろしさは、彼が、この間ずっと、いかにわれわれとかけ離れた存在であったかではない、いかにわれわれに近い存在であったか、である。すぐ近く、石を投げれば届く距離だったのだ。彼と、実生活の中で他人を傷つけることなど夢想もしたことのない普通の人々とを隔てているのは、ほんのわずかな距離なのだ。

もしかすると、彼を悪魔祓いしなければならない、彼を裁判にかけなければならないとわたしが思うのは、実際には、彼のこの身近さを払いのけたいからなのだ。彼を他の人類から分離したいからなのだ。彼を罰することで、自分だって、やるかもしれないこと、おかれた状況によっては、神よ助けたまえ、やりたくてたまらなくなるかもしれないことを、自分に禁じたいからなのだ。

*

友人たちが死ぬ。彼らの死が国家によって暴力的に強制されたものであるとすると、それが発生した場所を見いだすのには、しばしば、多くの年月がかかるかもしれない。また、その死が、どのようにして、なぜ起きたかを見いだすのには、時として、さらに多くの時間がかかるかもしれない。

カルロス・バーガーの場合がそうだった。

わたしは彼の未亡人カルメン・エルツに、一九七四年の初めごろ、ブエノスアイレスで出会った――彼女もわたしたちも亡命生活の第一段階にあった――のだが、彼女から、カルロスがカラマで軍によって殺害されたいきさつを聞いたかどうかは思い出せない。たぶん、彼女は語らなかったのだろう。たぶん、わたしは訊かなかったのだろう。たぶん、われわれは他のことで頭がいっぱいだったのだろう――たとえば、すでにその地で作戦を開始していた殺し屋部隊によって殺される前に、アルゼンチンを逃げるというようなことで。あるいは、もし、カルロスがわたしの最大の親友の一人であったなら、話を聞いたかもしれない。……しかし彼は、わたしのあの時期の同志たちの多くと同様に、数年にわたる断続的な接触のなかで知り合った人だった。わたしの両親は、共産党員だった彼の両親、とくに母親のドラ・グラルニクと知り合いだったから、わたしは少年時代に彼に会っているかもしれない。しかし、彼についてのわたしの最初のおぼろげな記憶は、チリ大学でのものだ。そこで彼は法律を研究しわたしは文学を学んだ。それから、ぼんやりと思い出せるのは、六〇年代の熱狂的な大統領選挙戦の中での彼とカルメンだ。そして、彼のことを最終的によりよく知るようになったのは、サルバドル・アジェンデの一千日の間だ。わたしの数多い仕事の一つが、国営出版社「キマントゥ[★21]」で、少年少女向けポップ・カルチャー雑誌『オンダ』の編集に協力することだった。この雑誌は、若者市場に向けて、カルロスが編集していた『ラモーナ』と、健康的に競合していた。われわれはしばしば、熱中して、語り合った。――メディアは、どうやったら、人間の精神を文化的塵芥の中に窒息させるのではなく解放することに役立ち得るか。反対派の民主主義的権利を完全に尊重している革命の中で、こうした目標を追求するのは、なんと挑戦的なことだろう……。わたしは彼のユーモア感覚が好きだった。一種の鷹揚さと奇妙に結合した、激しいほとんど強烈なまでの政治的確信も好きだったし、反対意見への寛容さを伴なった頑固さも気に入っていた。カルロスがその仕事を離れたあとも、何度か出会った。彼は財務省でジャーナリストとして働いていた。軍事クーデターが彼を襲ったのは財務省でだ、とわたしは思っていた。だから、一九七三年十月遅くのある日――このときまでにわたしはアルゼンチン大使館にかくまわれてチリを去る安全通行証の発給を待っていた――、目にした新聞記事はショックだった。「共産主義テロリスト」カルロス・バーガーが、チリ北部で、軍の拘束から逃亡しようとして銃殺された、というのだ。

もちろん、嘘だった。しかし、わたしは、一九八九年、ピノチェト独裁の最後の数ヵ月だけで、いかに多くの嘘を見いだしたことか。このころ、わたしは、『ピューマの襲撃』という驚くべき本を読んだのだ。この本の中でチリのジャーナリスト、パトリシア・ベルドゥーゴ――そう、クーデター進行中のピノチェトの秘密の交信記録を公刊したあの勇敢な記者だ――は、数十万読者に、カラバナ・デ・ラ・ムエルテ（死のキャラバン）の物語を明らかにした。この派遣部隊によって七十五の無辜の生命が奪われた。カルロス・バーガーはその一人だった。奇妙なことに、そのときまでにアンヘリカとわたしはカルメン・エルツと非常に親しくなっていたのだが、そのくせ、友だちの間の自然な慎みの感覚のゆえか、彼女の口から、カルロスの死の状況をまだ聞いていなかった。

アジェンデ打倒のひと月足らず前、彼らは、生後八ヵ月の息子ヘルマンと一緒に、カラマに移っていた。カルロスがその地のラジオ局「エル・ロア」の責任者となったからである。――そして、一九七三年九月十一日の朝、クーデターはカラマで彼を見つけた。ラジオ放送を中止せよとの軍命令を拒否したために、彼は即日逮捕された。夜になってから釈放されたが、数時間後、九月十二日未明、兵隊が押し入ってきて、ふたたび拘束された。軍事法廷によって裁かれ、フェルナンド・レベコ少佐は彼に、放送を続けたかどで六十一日間の投獄を判決した。あのすさまじい時代においては、寛大な判決である。この判決もそうだが、レベコが他のアジェンデ支持者たちに下したほかの多くの判決も、実際、非常に寛大だった。結局、レベコは十月初めに解任され、サンティアゴに送られて、自分の戦友たちによって尋問され、拷問された。二年間の投獄の後、国外追放処分となった。軍事クーデターの際、チリの他の地域で、抑制的態度をとった他の数人の将校も、同じ運命をたどった。

一九七三年十月十九日は、カルロスにとって幸せな日になるはずだった。まさに前日、カルメン――彼女は弁護士だった――が、一人の軍人と交渉して、彼女の夫はすでに刑期の半分を務め終え、囚人として模範的行動を示しているので、判決の残りを罰金に換えてもらうことにした。取引は成立し、彼女は、翌朝二人してサンティアゴに帰るための二枚の航空券さえ購入していた。

しかし、十月十九日はまた、チリ陸軍のピューマ・ヘリコプター一機がカラマに着陸した日であった。降り立ったのは、戦闘服に身を固めたセルヒオ・アレジャーノ・スタルク将軍。数人の士官を従えていたが、不幸なことに、彼らの名は、何年にもわたって、相次ぐ告発の中で、何度も何度も、浮上してくることになる。彼らは、ＤＩＮＡ――ピノチェト将軍の命令によりマヌエル・コントレラスが創設した特別秘密警察部隊――のバックボーンを形成していく士官たちである。ペドロ・エスピノサ中佐。彼はＤＩＮＡの副長官、そしてテハス・ベルデス拷問キャンプの所長になる。セルヒオ・アレドンド大佐。彼はブラジル駐在大使館付き武官となり、その地で、コンドル作戦に関与した五ヵ国の秘密警察作戦の連絡・調整にあたった。そしてアルマンド・フェルナンデス・ラリオス中尉。彼はラ・モネダへの襲撃を指揮したといわれる人物だが、後に、チリおよび海外でのいくつかのＤＩＮＡの作戦にかかわる罪状で告訴され有罪判決を受けた。これらの罪状には、サンティアゴでのスペイン人外交官カルメロ・ソリアの殺害（自白ずみ）、ワシントンでのオルランド・レテリエルとロニー・モフィットの殺害も含まれている。そしてマルセロ・モレン・ブリト少佐。彼は秘密の拷問センター、ビジャ・グリマルディの責任者となる。この施設は、独裁体制の期間、全国各地の反対派が収容されたが、目撃者によれば、その大多数が後にデサパレシードス〔行方不明者〕となったのである。

このハイレベルの厳選された軍人グループの表向きの任務は、政治的囚人に対する軍事裁判手続を見直し、手続を標準化することだった。――しかしそれが真に意味したことは、彼らがすでに訪れた諸都市での行動によって、明らかにされていた。九月三十日にサンティアゴのトバラバ空港を離陸して、アレジャーノと仲間たちはまず南に行き、それから北上していった。反対派への軍事裁判がなく一人の政治囚もいない都市では、司令官は解任され、その後逮捕されサンティアゴに送られた。軍事裁判はあったが、その結果が寛大ないしは温情的だと判断された都市では、すでに服役している囚人たちが、非合法に独房から引き出され、処刑された。

カラマは暴力の旅の終着地点だった。十月四日カウケネスで四人の囚人が殺される。同じ日バルディビアで十二人の囚人が銃殺される。十月十六日ラ・セレナで十五人の囚人が地元の牢獄から拉致されて処刑される。その中にホルヘ・ペーニャもいた。彼はチリ人だけで構成されるチリ最初のオーケストラを創設した人だった。同じ日の夜、コピアポ市の牢獄から強制的に十三人の男が連れ去られて、クエスタ・カルドネスと呼ばれる地区で処刑される。彼らは牢獄からの脱走を試みたのだとして非難された。十月十八日、今度はアントファガスタだ。十四人の囚人がケブラダ・エル・ワイに連れ出され、そこで殺害される（その中にエウヘニオ・ルイス・タグレがいた。この名前は後にまた出てくることになる）。

そして、いよいよ、アレジャーノと彼の部隊はカラマに到着した。

午後三時、カルメンは獄中のカルロスに面会した。どうも理由はまだよくわからないけれど、あなたを釈放するという合意は駄目になったらしいの、と彼女は告げた。カルロスはいらだち、ひどく心配そうだった。数時間前に、囚人たちの半数が牢獄から連れ出されていったという。みなフードをかぶせられ、後ろ手に縛られていた。尋問のための連行だと当局は言うのだが……。カルメンは五時までそばにいて、それから彼の元を離れた。カルロスについての最後の記憶は、彼がきれいに日焼けしていたことだ。カルメンはほかに、彼のブルー・ジーンズとシャツとパイプと、彼が彼女にあたえた最後のキスを覚えている。

六時までにカルロスは死んでいた。――カルメンはこれをずっとあとになるまで知ることはなかったのだが。長い年月を経てようやく発言し始めた目撃者たちによれば、カルロスは他の二十五人の収容者とともに、トパテルと呼ばれる山地に連れて行かれた。チュキカマタ——これは当時もまた今日でも世界最大の露天掘り銅鉱山だ——から遠くない場所である。わたしはそこへ行ったことがある。あの鉱山を、そしてあの砂漠、アタカマ砂漠、世界で最も乾燥した砂と岩の広がりを、訪れたことがある。そこが、カルロスと他の囚人たちがアレジャーノ将軍に随行してきた男たちによって処刑されたところなのだ。地元の兵士や士官たちは、手伝うように言われその光景に戦慄したという。彼らによれば、どの処刑も迅速ではなかった。死のキャラバンの軍人たちは時間をかけた。まず囚人の脚を撃った。それから体の他の部分を次々に撃った。それから、コルボ〔鉤〕と呼ばれる長いナイフで体を傷つけた。眼球をくりぬき、顔を切り裂いた。他の囚人たちに無理やり、彼らを待ち受けている運命を見物させた。二十六人のうち十三人の遺体だけが家族に戻されて埋葬された。たぶん他の遺体はあまりにも無残に傷つけられていたのだろう、あるいは、たぶん、われわれの決して知り得ない何か他の理由があったのだろう。ともかく、他の遺体は行方不明にさせられ、今日に至ってもまだ現われていない。それらの中に、かつてカルロス・バーガーを宿していた肉体があった。そして、かつて、次のような妻宛ての手紙を書いた手があった。一九七三年九月二十六日、カラマ監獄からのカルロスの手紙——。

「ぼくのかわいい人よ。判決が告げられたときぼくたちの感じた苦痛と抑圧をここで正確に書き記すことは、到底できそうもない。ただ想像してほしい。一人一人、名前が呼ばれて出て行く。やがて監房に戻ってくる。入ってくるなり、言う。八年だ。今度はXが出て行く。恐るべき沈黙が続く。また新しいのが監房から出て行く。しばらくして帰ってきて言う。『十五年食らわせやがった。

次はYの番だよ』。こんな具合だ。いつも同じことが繰り返される。五百日の刑、六百日の刑、八年、十五年、十六年、二十五年の刑。まったく泣き出したくなるほどだった。しかし、みんな試練に対して勇敢に立ち向かった。もちろん、苦しみ悩んでいた。しかし毅然としていた。きみに会いたいと思うのはそんなときだ。ぼくは判決を受けた組ではなかった。しかし、ともかく落ち込んだ。そして人間が誰かに語りかけずには居られないのは、そんなときだ。そしてその誰かとは、きみ以外には居ないのだ……。

いま、木曜日の正午近く。ぼくの最終判決が告げられた。カラマ監獄に六十日の投獄だ。……まあ、太陽とスポーツとわずかに砒素を含んだ水[★22]を楽しみながら、一シーズンここで過ごすということだ。拘束期間を勘定に入れるという原則を、彼らが尊重してくれるといいのだが。ぼくはすでに、判決のうちのほとんど十五日を済ませているのだからね。きみがきょう午後来てくれると思う。愛している。カルロス。それから、ぼくたちのブロンドの小人ちゃんをどんなに愛していることか」[☆]

もちろん、この手紙を書いているとき、カルロスは、カルメンが彼らの息子を一人で育てなければならないことになろうとは、あるいは、彼女が小さなヘルマンとともに亡命させられること

☆ カルメン・エルツがこの手紙のファクシミリを送ってくれたことに感謝する。わたしはその内容は（あるウェブサイトで）以前に読んでいた。しかし、カルロスの筆跡を直接見ることは、別の経験だった。彼の手がカルメンにあてて、また、われわれ――未来において彼を思い出す者たち、ある意味で彼の記憶の守護者になっている者たち――にあてて書いているのだということを、ひしひしと感じ、その親近性を共有できた。これは、本書執筆が、予期し得なかったさまざまなかたちでわたしを落とし込んだ苦悩のなかで、心慰められる経験となった。

になろうとは、夢にも思わなかった。そしてこの二人が複雑な過程を経てチリに帰国し、成人した息子が、父親の殺されたカラマ砂漠をあえて訪れるようなことがあろうとは、予想するすべもなかった。またカルロスは、彼自身の両親に何が起こるかを予見しようもなかった。彼の両親は、その名をサンティアゴの墓地の記念碑に刻まれることもない沈黙の犠牲者である。カルロスは知りえなかっただろうし、わたしは彼が予知しなかったことを希望するが、彼の父親フリオ・バーガーは、慢性的鬱病とのたたかいの果てに一九八四年、自殺を遂げるのである。そして母親のドラもまた、一九八八年、十四階の建物の窓から身を投げてみずから命を絶ったのである。

しかし、カルメンはカルロスの死が自分を破滅させることを許さなかった。

長い年月にわたって、彼女は彼を殺した男たちを決然として追及し続けた。埋葬のために夫の遺体を返すよう要求しつづけた。何年かかろうと、彼女はあきらめなかった。どの判事もどの判事も、彼女の訴えを捜査しようともせず恩赦法の適用を主張して告訴を棄却したが、彼女は決して屈しなかった。しかし、ピノチェトの陸軍からの引退、そしてロンドンでの彼の逮捕は、変化への道を開いた。一九九九年八月、サンティアゴ控訴裁判所の第五巡回裁判区が、死のキャラバンの士官たちに対する、殺人と誘拐のかどによる、ファン・グスマン判事の起訴を、受理したのである。彼女はついに、あの男たちが——あのピューマ・ヘリコプターに乗ってカラマに飛来し、彼女の生活を永遠に変えた男たちが——逮捕されるのを見た。アレジャーノとアレドンドとモレン・ブリトとフェルナンデス・ラリオス。彼らは全員、判決と懲罰を待っている。

しかし、最大の魚はまだ釣れていない。

そして、二〇〇〇年四月二十七日、カルメン・エルツは、亡夫になり代わって、最高裁判所において、こう述べた。――アウグスト・ピノチェト・ウガルテ将軍はアレジャーノの随行者たちによって実行された処刑と誘拐に直接、責任がある。それゆえ、その上院議員としての免責特権を失い、起訴されるべきである、と。彼女が提出した証拠は圧倒的だった。死のキャラバンを迎えた各地の軍人たちは、武器を持たずすでに判決に服している囚人たちを殺害することに抗議したが、彼らは、ピノチェト将軍がアレジャーノを自分の個人的代理人に任命したことを示す命令書を見せられた。戒厳令また交戦状態の時期においては、すべての下級者が最高司令官の完全な同意と認識なしには行動しないからである。カルメンは、その命令書を見せられた軍人たちからの証言を得ていた。他の文書は、大虐殺を覆い隠すためのピノチェトの努力を立証している。彼は、下級者たちの提出する報告の中に、アレジャーノの派遣目的についての重大な言及があるとすればこれを消去するよう、命令書の中で要求している。――彼自身の筆跡で走り書きされている命令書である。まさに動かぬ証拠だ！　そしてカルメンは最後に、ピノチェトの関与と有罪を、決定的に示す現象を指摘した。カラバナ・デ・ラ・ムエルテ（死のキャラバン）のメンバーにあたえられた組織的昇進、そして、彼らによる血の饗宴にわずかでも抵抗を示し、人間性と道徳性の最小のしるしを見せたすべての士官たちの自動的罷免（そしてしばしば迫害）である。

こうして、われわれはようやく、カルロスと他の人々が、「いかにして」死んだかを見いだしたのだ。「いつ」「どこで」かは、すでに見いだしていた。

しかし、「なぜ」は、まだわからず、空気中に重くよどんでいた。

思うに、その答えは、レベコ少佐によってあたえられていた。レベコは、サルバドル・アジェンデの支持者たちにあまりにも同情的であったがゆえに、降格され殴打され逮捕された人物である。彼は、BBCのドキュメンタリーのための、イギリスのジャーナリスト、イザベル・ヒルトンとのインタビューの中で、こう述べた。死のキャラバンは、第一義的にはチリの市民にではなく軍自体にメッセージを送ることを目指していたのではないか。打倒された敵に対する軟弱さは許されないことを、すべての軍人に理解させるのが狙いだった。陸軍自身を恐怖に震え上がらせる必要があったのだ。「それは、ピノチェトが絶対的権力を持っていることの一つの示威行為だった」とレベコは言った。わたしは付け加えていいだろう。それは、われわれの歴史を律していた過去の法律はもはや効力を失った、チリ人の間に調和や和解の余地などもはやないことの一つの表徴だったのだ、と。ピノチェトは、民主主義政府と民主主義政府の間の単なる間奏曲になろうとしているのではなく、チリの顔貌を作り変え、以前のそれと見分けが付かなくしてしまうことを意図していた。死のキャラバンは、そのことの一つの表徴でもあったのだ、と。

それゆえ、カルロス・バーガーと他の人々の死は、単なる偶然としては理解され得ない。それはむしろ、その上にピノチェト将軍がその後十七年間の彼のおぞましい王国を建設する、礎石、土台であったとして理解すべきなのだ。

そして、わたしは、こう思えてならない。このカルロスらの死こそが、ピノチェト将軍を破滅の淵に突き落とすかもしれない、彼があのように長い期間あのように残酷に支配した同じ国において彼の裁判への扉を開くかもしれない、と。カルロスの遺児ヘルマン・バーガー・エルツは、もはやブロンドの小人ちゃんではない。殺されたときの父親とほぼ同じ年齢になって、法廷に立つ母親を見ていた。法廷の彼女はさながら復讐の天使だった。カルロス・バーガーを殺した、遺体は返さないという軍の通知を受けてから二十七年後、彼女は、殺人の国を統治した最も強力な男を公然と糾弾していた。カルロスとチリのすべての犠牲者の名において、正義を要求していた。こんな事態を誰が想像し得ただろうか？

二〇〇〇年八月

アウグスト・ピノチェトは、ものの見事に、自分自身の邪悪の網に絡めとられてしまった。この独裁者は、かつて、数千の政治的囚人を、埋葬さえも許さず独裁の夜と霧の中に消し去った。そのとき彼は、その最もおぞましい悪夢の中でさえ、歴史が自分に仕掛けてくる不気味ないたずらを予期することはできなかっただろう。長い年月の後に、きょう、二〇〇〇年八月八日、チリ最高裁判所は、将軍から、彼がみずからに付与した免責特権を奪った。そしてそれはまさに、これら行方不明者をめぐる罪についてだった。

もし彼があの人々を消し去るのでなく、その遺体を家族の元に返していたら、彼はいま自由の身でいたことだろう。

あのころ、処刑が行なわれ始め、否定の言葉が発し始められていたころ、犠牲者の遺体を家族に返さないことは、ピノチェトやその追随者たちにとって、絶妙のアイデアに思えたことだろう。これは偶然ではなかった。一人か二人のサディストや野放しになった狂人の単なる気まぐれではなかった。それは組織的な、意図的な、計画的なものであり、綿密に執拗に実行された戦略だった。軍人たちにとっては一挙両得だった。反対者たちを殺害し、その殺害に対し何の責任も問われない。自身に生と死の全面的権力を授け、同時に、いかなる罪をも公式に否定することで自身を浄化する。彼らは言い続けた。囚人などいない、行方不明者の件など、不穏分子の作り話だ……。しかし、われわれは知っていた。チリの誰もが気づいていた。本当に何が起きているのかを知っていた。近くの地下室で遠い砂漠で、果てしなく起きていることを知っていた。果てしなく起きる。これが抑圧の病的ロジックである。止むことなく続くというのがテロルの定義なのだ。

ピノチェトが、犠牲者の運命について家族たちを絶対的不確実性の地獄に突き落としたことで、犠牲者の家族はまたチリ国民全体は、否応なしに、あることを想起するようになった。まさにその瞬間に捕らえられている男女の上に加えられている、あの名状しがたいもののことを、何度も何度も思い描くようになったのである。埋葬し安息させるべき遺体がないのだから、魂の安息もあり得ない。拷問は単に肉体的なものではなくなった。それぞれの市民の内的世界において、彼または彼女を恐怖で麻痺させつつ、絶え間なく繰り返される日常的事件と化した。これらの行方不明者は結局、われわれの多くにとって、国自体の消滅を、象徴するものとなった。われわれがかつて住んでいた自由の国チリを永久に絶滅する企てを、象徴するものとなった。死のキャラバンが命令を遵守せよとの軍人へのメッセージであったとすれば、デサパレシードスの存在は国民全体へのメッセージだった。われわれは生のみならず死そのものをも司る支配者である。われわれはおまえたちを罰するだけでなく、あとに残っておまえたちを悼む者たちをも断罪して止まぬのだ。

だから、実に素晴らしいことと言わなければならない。まさにその行方不明者たち、死んではいないことになっている遺体たちが、いま立ち戻って、ピノチェトにとり憑いているのだから。行方不明者たちは、彼とその共犯者を罰する役割を担おうとしている。罰をまぬかれるためには、ピノチェトはいまや、これらの囚人を殺害したことを証明しなければならない。彼は、すべての犠牲者の遺体をその無名の墓所の地中深くから掘り出さなければならない。投棄した川や海の底から引き揚げなくてはならない。山野に撒き散らした骨の破片を拾い集め接ぎ合わせなければならない。そのとき、そのとき初めて、彼の犯罪は続行中であることをやめる。永続的であることをやめる。そのとき、そのとき初めて、ピノチェトがみずからに付与した恩赦は適用される。——これがグスマン判事の法律解釈である。殺害を犯したことを認めるがゆえに自由の身となる。まさに因果応報である。ピノチェト特有の極端な残忍さ、人並みはずれた冷酷さが、結果的に、彼自身を罠にかけたのだ。

こうした事態は、もちろん、行方不明者の家族たちの不屈の闘争の成果である。彼らは常に、愛する者たちの死を信じようとしなかった。彼らは、どのように不利な状況の中でも、常に、正義が行なわれることは可能だと宣言した。そして彼らは、この十年間、その不動の信念において、ほとんど孤立していた。亡命生活の間、わたしは、折にふれて、国外に追われた者たちの思いを描いてきた。いまに見ていろという思い。いつかは英雄的な帰国を、という願い。反逆的民衆によって再生させられたチリ、アンデスの荘厳さのもとで裁かれるピノチェト……。もちろん、これらの白昼夢はただちに達成できるとは思えなかった。しかし、われわれが徐々に帰国し始めたあのころ、わたしの思うに、国の中核部分は、いずれある種の正義が支配するということに強い確信を持っていた。逆説的に、民主主義がこの国に戻って以後、ピノチェトを裁くことが、以前に比べていっそう実現可能性の少ないものに見え始めたのだ。もちろん、独裁者は自身に恩赦をあたえていた。自身を終身上院議員に任命していた。軍の統帥権をいかなる民主主義の大統領も変更し得ないものとし、軍部を、彼自身と軍人たちの免責の究極的保証人として確保していた。

　それはその通りだ。しかし、最大の障壁は、実際には、独裁制の最も決然たる反対者たちの多くによって作られていた。彼らはいったん権力の座に着くと、極度に用心深く、見当はずれにプラグマティックになった。たぶんそれなりの理由はあるのだろうが、彼らは恐れた。暴君を裁判にかけるごくわずかな試みも移行期間のデリケートな均衡を破るのではないか、そして、チリ経済の富裕なご主人たちと自分たちの関係を危うくするのではないか……。しかし、この恐れは、また口実となった。「現実的である」という名の下に、かつての反体制派は、一つの臆病なコンセンサスの中に安住した。過去はゆっくりと死なせるのが一番だ。昨日の人権侵害はゆっくりと忘れていくのが一番だ。いずれピノチェトは死んでゆく。そうすれば、自分たちに突きつけられた問題は解決するはずだ。

　そして、将軍は裁かれるべきだ、それなくしてチリが真の和解に到達することはない、と考えていたわれわれの多くも、やがては、そのコンセンサスを受け入れ、それに黙って従った。わたしは自覚している。わたしは、わたしなりの方法で、民主主義への移行に伴なったこの道徳的崩壊に手を貸したのである。一九九〇年以後、わたしは何度か長期間サンティアゴに滞在した（その間のある時期に合衆国永住を決意したのだが）。帰国のたびにわたしは必ずデサパレシードスの家族たちに会うことにしていた。彼らとともに行進し、彼らの話を聞いた。戯曲や詩や記事を書き、そのなかで彼らの悲劇と取り組んだ。「死者の日《エル・ディア・デ・ロス・ムエルトス》」〔十一月一日〕に、わたしは、花を捧げるべき墓がないこと、地上における安息の場所がないことについての彼らの苦痛を目の当たりにした。彼らは、彼らの愛する者たちを殺した人間がこの都市のこの街路を闊歩していることに耐えられず、この同じ都市で、正義を実現したい、下手人たちを裁きたいと強く決意していた。そしてわたしは、彼らの強い決意に感嘆しながらも、陰鬱の淵に沈みこみ、異なった未来を想像することなどできずにいた。ピノチェトが法律の上に立つ存在でなく、行方不明者たちの魂が安らかに眠れるような、そんな未来を思い描くことなどできなかった。それでわたしは、圧倒的でとうてい実現困難と見える任務に直面したとき、われわれチリ人のきわめて多くがとる態度をとった。歴史は要するにわれわれの側にはないのだ、と認めた。わたしは日常的惰性に負けたのだ。わたしの良心は不正義の不可避性を耐え忍び、やがてそれを正当化した。わたしは、われわれの中に居すわる将軍の凶悪さに慣れていった。わたしには一つ利点があった。作家として、物語の中で、このジレンマを追究することができた。いかにして悪と共存するか、このことが信頼と愛にどのような影響をあたえるか、どのように民族の魂を腐敗させるか、について、作品を書きながら思索した。しかし、近くからまた遠くから見守りつづけていながらも、わたしは、状況が変わることがあろうなどとは一度も思わなかった。わたしはピノチェトに疲れていた。苦痛に、免責特権に、疲れていた。ピノチェト？ ピノチェトはもうごめんだ。彼の名など聞きたくもない……。そうだ、多くの同国人と同じく、わたしは自分の立場を見失っていた。

こうしたときに、われわれ自身の犯罪者が海外で逮捕され訴追された。民族の良心はさながら道徳的地震のように揺すぶられた。われわれは屈辱を覚えながらピノチェト裁判への取り組みを始め、それがきょう、わが最高裁判所でその第一ステージを終えたのである。この決定の反響はどのようなものか、はたしてピノチェトはグスマン判事による起訴をまぬかれるのか、それとも医学的理由により今後の審理は打ち切りになるのか——この最後のものがたぶんわが民主主義政府の望むものであろうが——、これらを推測するのはまだ早すぎる。今後数ヵ月のうちに軍がかけてくるかもしれない圧力の種類や、ピノチェトの強力な支持者たちによる抗議の度合いも、まだ予測はできない。

将軍の身柄がどうなろうと、これだけはなんの疑いもなく言える。チリ最高裁判所の最新の決定は、全世界にとって重要な意味合いを持っている。学ぶべき教訓を提供している。囚人たちを行方不明にさせる戦略。世界中のあらゆるイデオロギーの多くのレジームが手を染めた極限的暴力。これは、結局、それを使ったものを打ち倒すブーメランなのだ。デサパレシードス——ある夜逮捕され、その後、杳として行方の知れぬ人々は、独裁者が押し付けようとした忘却とテロルの運命を拒否し続けているのだ。彼らはまだ生きている。死を超えて生きている。彼らの死を早めそのあとその死を否定することによって彼らを永遠に消滅させ得たと思っている男を、いまなお糾弾している。どうやら、結局、過去を殺し去るのは、権力者たちが揚言したがるほどには、容易ではないのだろう。みずから信ずる大義のために命を捧げた男や女の隠れた光は、完全に消し去ることなどできない。この世界のどこかに一人の人がいて、その人が、彼らを記憶し彼らをよみがえらそうと努力している限り、それはできない。必要なのはそれだけだ。一人の人間が倫理の荒野で叫ぶことだ。やがて別の一人が現われ、それからもう一人が、そしてもう一人が現われ……。正義の火花を絶やさないために必要なのはそれだけだ。

これが、ピノチェト制裁が究極的にわれわれに提供する教訓である。ときどき、不可能を夢みるのは正しいことなのだ。不可能を求めるのは、不可能を求めて叫ぶのは、正しいことなのだ。

歴史は耳を傾けるかもしれない。歴史は聞き入れてくれるかもしれない。

*

わたしがイサベル・モレルに会ったのは、当時彼女の夫だった男、オルランド・レテリエルに会ったのと同じ夜のことである。亡命暮らしのなかで、イサベルとその四人の息子は、わたしたち夫婦の最も良き友人の中に数えられることになった。実際、奇妙なことだが、ピノチェトが居ず、彼のクーデターがなかったなら、わたしは、たぶん、イサベルを、長く失っていた姉のように自分の生活に受け入れる機会も特権も持たなかっただろう。さらに奇妙なのは、われわれが初めて会った夜が、また、わたしがオルランドとともに過ごした唯一の時になったということだ。

わたしが間違っていなければ、それは木曜日だった。――一九七三年九月五日の木曜日だ。前日の九月四日は大統領選挙でのアジェンデの勝利の三周年だった。たぶん、誰もが、われわれの大統領との別れが近いことを知っていた。――ラ・モネダ宮殿のアジェンデのバルコニー前をほぼ百万の群衆が行進したが、わたしを含む多くの仲間が、そこを二回、通過した。まるでこの瞬間を、時の流れの中に凍結してしまいたいかのようだった。

翌日の夜、わたしはオルランドに会ったのだが、あまり会話はなかった。ミニストロ・セクレタリオ・ヘネラル・デ・ゴビエルノ、すなわちアジェンデの官房長官であるフェルナンド・フロレスが、カルロス・プラッツ将軍のために慰労と送別のパーティを開いたのだ。わたしは当時、フロレスの下で、文化・メディア関係の顧問をしていた。カルロス・プラッツは数週間前に陸軍総司令官のポストを辞していた。これは、われわれの政府にとって、最初想像していたよりもはるかに恐ろしい打撃だった。プラッツは立憲政府の主柱だった。「一つの国家は、真の主権を持ち、国民が飢えず、家があり、健康で、自由で、教育を受けているとき、安全なのだ」と主張して、チリの安全を、冷戦イデオロギーに捉われない言葉で定義し始めていた男だった。しかし、政府にとって打撃だったのはそれだけの理由からではない。彼の後任が、いうまでもないことながら、ピノチェトだったからだ。

やがて、ダンスが始まり、タンゴが演奏された。いまも、三組の男女が音楽に合わせて円を描きターンしているのが、目に浮かぶ。最初は、オルランド・レテリエルがカルロス・プラッツの妻、ソフィア・プラッツと踊っているのが見える。続いて、イサベルがホセ・トアと踊っているのが見えてくる。二人でフロアを軽やかに行き来しながら、ホセはタンゴの歌詞をそっと口ずさんでいる。それから、カルロス・プラッツだ。トアの妻モイと組んで、ターンを繰り返している。

三人すべてがアジェンデ政権の国防大臣だった。三人すべてが軍に近かった。三人すべてが軍のみずからの誓約に対する裏切りの目撃者だった。三人すべてが知りすぎていた。三人すべてが究極的に口をふさがれることになった。

彼らはとても生き生きしていた。音楽はとても躍動的だった。――彼らは、お別れ晩餐会の会場である「ペーニャ・デ・ロス・パラ」[23]の木のフロアを滑るように踊った。まるでタンゴが、われわれに襲いかかろうとしているものを浄化し延期できるかのように。彼らは歌詞を互いにハミングしていた。まるで永遠にダンスを楽しむことができるかのように、まるで未来を永遠に寄せつけないことができるかのように。

最初にトアが殺された。それからプラッツとソフィアがブエノスアイレスで、そして最後に、オルランド・レテリエルがワシントンDCで……。

人は考えるかもしれない。アジェンデのかつての閣僚を、合衆国の首都で、自分が権力の座につくのを援助し、自分がその地位に留まるのを全力で支えてくれている国の首都で、殺す。ピノチェトの行為の中で、これ以上おろかで傲慢で無遠慮な決断もないのではないか、と。

ピノチェトはすでに軍に対して国内のチリ人に対してメッセージを送っていた。今度はわれわれ、海外に逃げた者たちが彼の言葉を聞く番なのだ。彼はわれわれに告げているようだった。おまえたちの誰にとってもこの地球上に安全な場所などない。もし、亡命すれば自由が得られると考えているのなら、間違っている。わたしから逃れたおまえ、あの晩踊っていたおまえ、おまえは二度と踊れない。おまえには音楽やタンゴや愛を享受する権利などない。わたしは沈黙の神だ。わたしはおまえたちの遺体を持っているのだ。

しかし、少なくともこの点で、彼は間違っていた。ピノチェト将軍は死について多くのことを知っていた。しかし、これは明確に言えることだが、彼は、生についてはほんの少ししか知らなかったし、いまも知らないのだ。

彼はオルランドを殺すことはできた。しかしオルランドの遺体を持つことはできなかった。われわれがオルランドの遺体を持っている。チリで合衆国で、ノルテアメリカノス〔北米人〕とチレノス〔チリ人〕が、ともに、異なった方法で、踊っている。協力し合って彼の殺害の真相を明らかにした。彼を殺した者たちを追いつめた。ピノチェトの秘密警察の長官マヌエル・コントレラスを、オルランド暗殺を命令したかどで投獄させ、正義への第一歩を現実のものとした。

オルランドの遺体を持つ者たちは、彼の後に生き残り、二度目の無慈悲なかたちの死――忘却と記憶喪失と距離による死――が彼に宣告されるのを許さなかった。われわれは、将軍の手先が、チリであの夜、軽やかに踊っていた脚たちを打ち砕くのを止められなかった。われわれは、将軍の手先が、タンゴを口ずさんでいた唇たちを抹殺するのを止められなかった。われわれは、死の帝王ではない。誰が生き誰が死ぬかを定めることなどできない。

しかし、われわれは、その死に、意味をあたえることができる。たとえオルランドとソフィアとホセがもはや二度とわれわれと踊ることができないにしても、われわれは、彼らの生きていた事実を、彼らの記憶を、守ることができる。踊りの隠喩をあえて続けるならば、それは、クエカ・ソラだ。一人だけで踊るクエカ。行方不明者の母や妻が帰って来ない男とともに踊るあの舞踊だ。オルランドとの、またすべての愛する死者たちとのわれわれの見えざるダンスは、クエカ・ソラと同じ機能を果たしている。これを踊るとき、彼はいつも生きている。これを踊るとき、彼らはふたたび殺されることはなく、死が最終的勝利を得ることはない。

もしこれがお伽話であったならわたしはこう終わらせるだろう。

むかしむかし、三組の男女がタンゴを踊った国がありました。

むかしむかし、わたしたちの仲間にオルランド・レテリエルという男がいました。

むかしむかし、わたしたちは、助け合って、オルランドと、とても多くの他の人たちを生き続けさせました。

むかしむかし、チリの国内外の多くの人々が、この国を死なせないことに決めました。

＊

しかしながら、これはお伽話ではない。

イサベル・モレル・レテリエルは、ピノチェトがどのようにして現在のような男、われわれが裁くのを待っている男になったのかについて、一つの解釈を持っている。彼は、人類を超越した鬼神ではない。悪の化身ではない。普通の人間である。

彼女はピノチェトに、一九七三年八月の終わりごろ初めて会った。イサベルの友だちモイは、すでに彼のことを彼女に話していた。親切な、気立ての良い人よ。うちの子どもたちに、自分のことをタタ〔おじちゃん〕と呼ぶように言っているの……。その日、オルランド・レテリエルがアジェンデ政権の国防大臣に任命されたことを記念するレセプションの席で、ピノチェトはイサベルに近寄ってきた。彼は、あなたと知り合いになれて幸せですと言った。「さらに幸せなのは」と、彼は付け加えた。「閣僚の奥様がたがみなお綺麗なことです」。そんな具合に、慇懃きわまる態度で話を続けていった。彼女の四人の息子についても尋ねた。陸軍はオルランド――「われわれのオルランド」とピノチェトは彼を呼んだ――がいまや大臣となったことを誇りに思っているとも言った。「なぜなら彼はわれわれの仲間ですからね」。オルランドが陸軍士官学校生徒であったこと、また同校卒業時に素晴らしい成績を収めていたことに触れて、ピノチェトはそう言った。

イサベルはわたしに話した。「この人、ことさらにわたしを喜ばせようとしているな、という印象を受けた。わたしの感じた、口のうまいご機嫌取りだという印象は、その後オルランドによっても確認されたわ。オルランドはすぐに愚痴をこぼすようになったの。ピノチェトは卑屈で迎合的で、こっちがいらいらするくらいだ、と。『実際、彼がいると落ち着かなくなるんだよ。わたしのブリーフケースまで運ぼうとする。将軍がそんなことをするんだ！　わたしがコートを着るのを手伝おうとするんだからね。わたしが誰のことを思い出すか、わかるかい？　むかし理髪店で手伝いをしていた冴えないおじさんたちさ。小さな箒《オンブレシートス》をもってやってきて散髪のあと落ちた髪の毛を上着からさっさっと払い、ひょいと手を差し出す。こちらは、チップをあげなくてはならないってわけだ』」

三週間後イサベルはピノチェトをふたたび見た。クーデターの数日後だった。アジェンデ政権の逮捕された閣僚の妻たちは、夫の居場所について何も知らなかった。それでイサベルと、友だちのモイ・デ・トアとは、国防省に行って、ピノチェトとの会見を求めたのである。ピノチェトは当時、国防省の建物に執務室を置いていた。彼女たちは、フロアを一つ上がるたびに、ボディーチェックされた。イサベルによれば、ひどく乱暴なやり方だった。安全上の理由ということになっているが、おそらく、真の目的は、屈辱感をあたえることにあるのだろうと、イサベルは思った。まったく偶然、彼女たちは、ピノチェトに出くわした。彼は、カメラマンの群れに囲まれて、廊下を歩いてきた。モイを抱擁しキスした。まるで彼女がまだ彼の古い友人であって、彼が逮捕した男の妻ではないかのようだった。モイは、このとき、クーデターのあと初めてピノチェトに会い、頬に彼の唇を感じたとき、その五ヵ月後、もう一度、彼の前に立ち、夫の命乞いをすることになろうとは夢にも思わなかった。いま、彼女は、とりあえず、ほっとしていた。ピノチェトが彼女たちに会ってくれるらしいのだ。彼はそばにいる大佐に、「このご夫人たちとの会談」をセットするように命令していた。

彼女たちは、数日後、九月二十五日にまた来るようにと言われた。イサベルが正確な日付を記憶しているのは、それがパブロ・ネルーダの葬儀の日だったからである。彼女たちは参列できなかったが、このチリ最高の詩人の大規模な埋葬式は、独裁に対する悲嘆と痛憤の最初の大衆的表出となった。会葬者たちの詠唱と絶叫とは、その後の長い年月成長し続けていくことになる抵抗運動の先触れとなった。一方、イサベルとモイと元外務大臣クロドミロ・アルメイダの妻イルマは、この日、国防省の大きな接見室の二つのソファに腰を下ろして、長い時間待った。

イサベルはわたしに語った。「突然、背後でドアが開くのを聞いたわ。向こうの部屋から話の中身はよくわからないけれど、数人の人が大声で話し合っているのが聞こえてきた。一人が、いらだった声で言っていた。『彼女らの旦那方はみな完璧な状態だ。栄養もいい。着ているものもいい。みんな、ぴんぴんしている』。振り向くと、ピノチェトが部屋に入ってくるところだった。信じられないほど怒っている。わたしが振り向いて彼を見たまさにその瞬間、彼は、『もし事態が逆だったら、そのときは……』と叫び、人差し指を喉に横ざまに走らせ、舌をグロテスクに突き出し、顔をしかめて、まるで絞め殺されそうになったか喉を掻き切られたかのようだった。笑い出さないよう、こらえるのが大変だった。オルランドがインターアメリカン銀行にいたり、その後ワシントン駐在大使をしていた関係で、わたしは海外での暮らしが長く、たぶんそのおかげで、このユーモア感覚が育ったのだと思うけれど、ともかく、ひどくばかげたジョークだと思ったわね。こちらの三人は、護衛兵に何度もチェックされた、何の武器も持たない女ばかり。夫たちは行方不明。それなのに、彼のほうが脅えている。わたしたちに腹を立てている。アルテラディッシモ〔興奮しきっている〕」

わたしはイサベルをさえぎった。「それって、五ヵ月後にモイがもう一度会いに行ったときの、彼の不機嫌さと同じみたいだね」

「クーデターのあと、ピノチェトはずっと怒っていたわ」イサベルは答えた。「あのときも、いっそう声を荒げて、アジェンデのことを言い始めたの。『あの裏切り者め。たとえ、やつが地下にいようと……』。そのときイルマが立ちあがって、『そのお言葉は受け入れられません、将軍』そう言うなり、部屋を出ていこうとした。これでピノチェトを少し冷静さを取り戻し、落ち着いた声で、『ご用件は何ですかね、奥様方?』と言ったの」

三人は、こもごも、自分の心配事を話した。イサベルは、――合衆国やオランダや世界の各地から、オルランドの居場所について問い合わせを受けているのに、夫からは何の連絡もなく、返事のしようがありません、わたしたち、三人ともそうなんです、と訴えた。

「その点に関しては」とピノチェトは言った。「何とも答えようがないな」。そして、またしてもひどく怒った口調で、さっきの言葉を繰り返した。彼らは、衣類と食事をあたえられており、完璧な状態にある。

「どうか夫たちに会わせてください」

「それはできない」

「でも、子どもたちが」モイが言った。「カロリナとホセが、父親のことを知りたがっているの。あなた、二人をご存じよね」

ピノチェトは一瞬ためらったあとで、「いいだろう。子どもたちは彼に手紙を書いていい」

「わたしたちは、どうなんです?」

「いいだろう。あんたも、そしてあんたも、何か書きなさい」

この展開に、その場の女三人は、そろって元気づいたという。手紙を書いていいということは、夫たちが生きているということだ。しかし、モイは、それで十分だとは考えなかった。「で……、他の奥さんたちについてはどうなんです?」と訊いた。愛する者たちにメッセージを送ることを必要としている人たちは、ほかにも大勢いる。

「いいだろう、やりたまえやりたまえ。彼女たちも何か書けばいい」ピノチェトの声は憤激に満ちていた。まるで無理やり、ある人物にある特権をあたえるなら、他のすべての人間にも同じものをあたえなければならないという、奇妙な軍事法規でも遵守させられたかのようだった。

そしてこれが、イサベル・モレル・デ・レテリエルがアウグスト・ピノチェト・ウガルテ将軍に会った最後だった。

わたしはある質問にとり憑かれていた。偏執的にいつも自分に問いかけている質問だった。一人のピノチェトともう一人のピノチェトの間の深淵をどう理解したらいいのか。三週間前の慇懃でおべっか使いの男は、どのようにして、この怪物に変身したのか？

わたしは彼女に訊いた。

「あのね」彼女は言った。「ピノチェトは、クーデターの数日前に、仲間の誰もが謀議に加わっていることを認識したけれど、自分はそれに加わりたくなかった。とくに理由はない。ただ、加わりたくなかっただけなのね。でも、ある時点で、『もし加わらなければ、おれは殺される』と思い、参加した。だから、――クーデターにひどく遅れて参加したから――彼は、ことさらにああいう下品な言語遣いをし、威張り散らすの。誰からも、自分が御しやすい人間だと思われないためにね。彼は、他の人たちの上にまたがって、彼らが馬ででもあるかのように、動かさなければならない。いつも怒っていなければならない。みんなに恐怖をしみこませなければならない」

「なぜ？」

「ポルケ・ティエネ・ウン・ミエド・パニコ。彼自身が怖くてたまらないからよ。それがピノチェトの正体よ。彼はすんでに殺されるところだったのよ」

このピノチェト解釈は正しいのだろうか？

非常に長い間、わたしは、どうやってわれわれはピノチェトを悪魔祓いしたらいいか、その方法を見つけ出そうと努めてきた。そしてその間ずっと、われわれは認識しなかったのだが、たぶん、ピノチェトは、必死に、自分の人生からわれわれを悪魔祓いしようと努めていたのだ。ちょうどマクベスが眠ろうと努めていたように、自分にとり憑いた幽霊たちを始末しようと努めていたように。

これが、ピノチェトの謎を解く秘密の鍵なのだろうか？ それは、こんなに単純なことだったのだろうか？ オルランド・レテリエルのブリーフケースを持ってやった男を、ピノチェト自身が消去する唯一の方法は、オルランド・レテリエルを殺すことなのか？ カルロス・プラッツに友情と忠誠を誓った男を忘れる唯一の方法は、カルロス・プラッツの暗殺を命令することなのか？ ホセ・トアの子どもたちに贈り物を持っていった男を否認する唯一の方法は、その子どもたちの父親を殺すことなのか？ この間ずっと、彼が最も脅えていた人物は、彼自身、かつての彼自身だったのか、――彼がアジェンデ打倒の謀議に加わったとき、巧妙に窒息死させた男だったのか？ ケ・グランディシマ・イホ・デ・プタ。

なんという低劣な人間であることか。

それを思うと、わたしはほとんど彼が哀れにさえ感じられてくるのだった。

二〇〇一年一月

二〇〇一年一月の最後の週、わたしはブラジルのポルトアレグレにいる。世界社会フォーラムの最初の会議に出席しているのだ。これは、世界の最も有力な政治・経済指導者を集めてスイスのダヴォスで開かれる世界経済フォーラム（一九九八年二月には、このダヴォス会議に、わたし自身、フォーラム・フェローとしてエキセントリックなゲストを務めた）に対抗して、反グローバリズム運動の側が開催したものである。ポルトアレグレでのこの会議には、世界中の二万ほどの草の根組織からほぼ同数の人々が参加し、ブラジルの蒸し暑さの中で、巣を探す蜂の群れのようにせわしげに行き交っている。会議のテーマとスローガンは、「もう一つの世界は可能だ」だ。地球の支配エリート層の面々は、グローバル資本主義の現在の支配的形態に代わるべき実行可能なオルタナティブなどないと宣言するが、それはドグマに過ぎず、誤っている。このスローガンはそういう確信をあらわしたものだ。わたしがここに来たのは、本来は、かくも多数の経験から学ぶこと――さらに、芸術的想像力と、批判的探求の諸モデルは、この途方もなく巨大な運動にどうすれば寄与し得るかを探ること――だったが、案に相違して、わたしは、ひっきりなしに、別の種類の質問を浴びせかけられている自分を見いだしたのだ。四方八方から、何度となく飽きることなく繰り返される、同じ問いかけ。――ピノチェトはどうなるんでしょう？

最高裁判所がピノチェトから免責特権を剥奪して以来もう五ヵ月。この件についてわたしに訊ねる必要などないと思った人もいるだろうと思う。彼はまだ法廷で罪状認否をしていないのか？　実際のところ、ノーだ。罪状認否はまだだ。彼は正式に起訴されてさえいない。そう、たしかに、彼は二〇〇〇年十二月一日、ファン・グスマン判事によって、正式に起訴された。しかし、その起訴に法解釈の点で欠陥があることが控訴裁判所によって発見され、同裁判所は、被告はまず、宣誓証言の機会をあたえられなければならないという理由によりこの起訴を無効にした。その後、最高裁判所は、もともと将軍に有利なその判決に関して、二度、決定を下している。一度はそれをくつがえし、その一週間後、その決定をさらに明確化して、一部を差し戻し、尋問だけでなく医学的検査をも行なうことを命令した。

まったくもって、複雑で退屈で緩慢きわまりない。——そしてたぶん、これがピノチェトの弁護士たちが求めていることなのだ。可能ないかなる手段によっても、彼が、グスマン判事によって、殺人者、誘拐者として、公式に烙印を押される瞬間を遅らせること。逮捕され、指紋を採られ、被疑者ファイル用の顔写真を撮られる瞬間を、そして裁判の開始自体を、遅らせること。過ぎていくすべての時間、審理されるべきすべての上訴、準拠となるすべての法律問題、……これによって時間がたっていく。将軍の主要な同盟者は時間である。弱りつつあるかもしれずそうでないかもしれない精神を宿している、彼のすでに老い衰えた肉体をさらに腐食させていく時間。頻繁な延期は、裁判を受けられるだけの健康状態であるかどうかを決めるために、ピノチェトがようやく検査を受けたとき、完全に裁判に耐えられない状態になっていることを願ってのことなのか。これは、あのイギリスの茶番の再現だ。しかし今度は、いっそう多くの法律家がかかわってあらゆる決定を議論している。医学検査は誰が行なうのか？　検査は国軍病院の威嚇的雰囲気の中で行なわれるのか？　病理学的検査が改竄されないという保証はあるのか？　検査結果は公表されるのか？　彼が医学的検査に姿を見せなかったらどうするのか？　彼が喚問に応じなかったらどうするのか？　こうした応酬のドラマになにがしか興趣を添えているのは、検査自体が引き起こしたピノチェトの苦境のコミカルな効果である。彼は、自分が裁判に耐えられないことを、なんとしても、認めてもらいたい。しかしチリの法律が――十九世紀以来のある不可解な定義によって――定めるところによれば、被告が裁判を免除される唯一の理由は、彼が狂気もしくは老人性痴呆に陥っていること、である。元独裁者がまさに、これまたなんとしても避けたいと思っているカテゴリーである。ピノチェトは、自分が将来の世代にどう記憶されるかを、大いに気にしている。自分が歴史に狂人としてあるいは痴呆者として名を残さないためならば、どんなことでも――そう、ほとんどどんなことでも――やるだろう。

結果は、意味論の問題になってしまうかもしれない。数週間前、わたしはルイス・フォルナッツァリからの電話を受けた。彼はチリ生まれの神経科医・精神科医でトロント大学に勤務し、老人性痴呆の世界的権威といわれている。――彼は、カナダからチリに来て、ピノチェトを検査する八人から成る医学チームに加わるよう依頼を受けたばかりだった。彼は落ち着かない立場に立たされてしまった。自分を国外に追放した男、自分の友人の多くを殺した男に検査を行なわなければならず、しかも同時に、ピノチェトの精神状態について、科学的に客観的でなければならない。彼は言った。「もし彼が精神的に無能力であるのなら、わたしははっきりと、彼は裁判を受けるのに適しないと言うつもりだ」。彼が心配しているのは他の医師や心理学者が、政府や軍やその他からの圧力に、——将軍を裁判から逃れさせるために、病状を少しだけ誇張せよという圧力に、屈しやすいのではないかということだった。そして彼は、そのような政治的策略を大目に見る仲間にはなりたくなかった。

最初、フォルナッツァリ博士の心配は取り越し苦労に見えた。ピノチェトが検査に現われぬまま、数日が過ぎたのだ。が、現在の陸軍総司令官イスリエタが、渋る将軍を説得した。法律に従うことが絶対的に必要です。軍は、裁判所の発するこの命令にも、あるいは他のいかなる命令にも、反対する立場にはありません……。かくして、一月十日から十三日にかけて、四つの午前と四つの午後を通して、ピノチェトは検査に次ぐ検査を受けた。その結果、彼は、「軽微ないし中程度の皮質下血管性痴呆」の状態にあるが、これは、彼が裁判を受けることを妨げるほどのものではない、と診断された。そして、最終的医学報告書を書くのに協力したあと、フォルナッツァリ博士はトロントに戻った。——ところが、彼の驚いたことに、その次の週に発表された公式の報告書は結果を改竄していた。「軽微」という言葉を抹消して、診断を「中程度ながら深刻な」と変えている。これは、解釈の仕方によっては、ピノチェトは自分のことを弁護できない状態にあることになる。これは、他のいくつかの改変とともに、グスマン判事が起訴を取り下げるのがより容易になるような変更であった。

騒動が起きた。フォルナッツァリ博士は改竄された報告に署名することを拒んだ。そして、彼自身の結論を直接グスマンに送り、元の診断の正しさを主張した。彼の行動は、法務大臣からは「無責任」だと批判され、右派の新聞からは「偏見的」だと攻撃された。しかし、それは、少なくとも、グスマン判事に、ようやく、一月二十三日にピノチェトに対する予備的口頭宣誓証言を行なう機会をあたえた。この供述のなかで将軍は——驚くなかれ——誰かを殺害したり誘拐したりせよなどと命じたことなど、一度もないと言ってのけたのである。この意味ある事件——元独裁者が生涯で初めて、自分の悪事に関する尋問に答えることを余儀なくされた——が、この訴訟の推移にどのような意味をもつかは、まだ、誰にもわからないことである。

いずれにせよ、わたしが合衆国を離れてブラジルに向かったとき、状況はこのようなものだった。そして、世界社会フォーラムの会場で気がかりそうに訊いてくる人たちにわたしが答えられるのも、その域を出なかった。グスマンは圧力に屈して、被告は「中程度ながら深刻な」老年痴呆の状態にあると診断されていることを理由に、早々に裁判を終わらせるだろうか？　それとも彼は、彼自身の二時間に及ぶピノチェトへの尋問に基づいて、被告は単に「緩慢な」老化状態にあるに過ぎないと判断するだろうか？

意味論だ。意味とニュアンスをめぐる戦いだ。

しかし、一月二十九日、ポルトアレグレでのフォーラムが閉会する前日にわれわれが知ったグスマンの決定には、緩慢さやニュアンスや曖昧さはまったくなかった。グスマン判事は、ピノチェトがイギリスから帰国し、文字通り、殺害の罪から逃げおおせたと思われてからほぼ一年後に、彼を正式に起訴したのである。グスマンは、元独裁者、元上院議員、元国家元首、元ストロングマンであるアウグスト・ホセ・ラモン・ピノチェト・ウガルテに、誘拐と殺害の犯罪の首謀者として裁判にかけることを通告したのである。具体的には、クラウディオ・アルトゥーロ・ラビン・ロヨラ、パブロ・レナン・ベラ・トレス、エウヘニオ・ルイス・タグレ・オレゴ、そして他の五十四人の人々の殺害および誘拐。また、ミゲル・エンリケ・ムニョス・フロレス、カルロス・バーガー・グラルニク、ハロルド・ルペルト・カバレラ・アバルスアと他の十五人の人々の誘拐。全部で七十五の死のキャラバンの犠牲者たちである。なお、被告は、サンティアゴ市ラ・デエサ、ペドロ・リラ・ウルキエタ通り一一・二八〇番地のみずからの住居において自宅軟禁とされる。陸軍軍人にふさわしい拘束方法である。判事はさらに、近々、将軍は指紋を採られ写真を撮られるなど、このような起訴に伴なう通常の警察手続きを受けることになると、通告した。

南米大陸を横切ってチリに飛び、行方不明者家族会の友人たち——彼らの宿敵は閉じ込められ、警備され、屈辱を味わっているが、彼らのほうは、いまや自由に、チリ全土を動き回ることができるのだ——と抱擁をかわしたい気持ちにもなるが、わたしは、実のところ、この勝利を祝うのに、ポルトアレグレ以上に良い場所を思いつかない。世界社会フォーラムに出席している人々のほとんどは、ピノチェトの同類項が勢威を振るう国からやってきている。彼らは故国で、日々、そういう連中と対決しているのである。彼らが取り組んでいる仕事、——国民全体への医療や、社会の最貧層への融資を要求し、国を支配する大企業に透明性を、それらの大企業を監督するはずの政府官僚機構に説明義務を求める運動、また、そのための言論出版活動、エコロジカルな生存のための闘争、先住民の諸権利のための闘争、差別と幼年労働に反対する闘争、その他もろもろの活動のすべてが、不可避的に、彼らを、国の支配階層と対決させる。必然的に、保安部隊との日々の衝突のリスクを引き起こす。ここポルトアレグレに集まったNGO活動家のほとんどにとって、ピノチェトのような人物の象徴的懲罰は、彼らの故国の、安定と秩序の名において、殺しと拷問を事としている者たちの手をいくぶんか縛ることである。ピノチェトへの裁決と彼の投獄は、いま、わたしの周囲にいるような人々、フィリピンや中国やインドやグアテマラやエクアドルやケニアなどで抵抗している人々にとって重要な意味を持つ。それは彼らを守り、彼らを勇気づける。

そしてわたしは、ここポルトアレグレで、「五月広場の母親たち」★24と共に壇上に立ち、世界のすべての無視され忘れられた人々、まるで存在したことがなかったかのように生きて死ぬ人々の隠喩として、デサパレシードス〔行方不明者〕について語るとき、チリにおけるわれわれの勝利の、真にグローバルな本質を認識するのである。

ピノチェトは法律を超越していない。

彼はそれをまだ完全には認識していない。

しかし、彼はいずれ認識するだろう。そのことを悟るだろう。――わたしはあまりにしばしば想像したので、まるで、同じ部屋にいるかのように、その情景が見えてくる。筋肉の盛り上がった大男が、ピノチェトのあの手――あれほど長くわたしの脳裡を離れなかったあの手――の片方を、自分の分厚い手でつかむ。ゆっくりと、ピノチェトの指に黒インクを塗っていく。それから、非常にゆっくりと念入りに、将軍の衣類やタイを汚さないよう、指紋をとる。親指、そして人差し指、そしてその次の指と、一本一本、押捺していき、やがて終了する。その瞬間、それら十本の指の指紋像を持ったそのページは、犯罪記録の一部となる。

その瞬間、そう、スペイン語でいうエル・モメント・デ・ラ・レアリダ〔真実の瞬間〕。真実が彼を襲い、逃れるすべもあたえずに、彼をその鏡の中に、真実の鏡の中に捕らえてしまう瞬間。

わたしが長い年月夢みてきた、ベールがはがされ真実がさらけ出される瞬間。

指紋採取が終わると、次は、ついに市民アウグスト・ピノチェト・ウガルテの顔写真が撮られる瞬間だ。

最初に片方の横顔、それからもう片方の横顔、そして最終的に、カメラを、われわれをまっすぐ見つめる最後のショット。そして、このとき、われわれは、もしかすると、初めて彼を本当に見ることができ始めるのかもしれない。

そうなのだ、ミ・ヘネラル〔将軍よ〕。その通りなのだ。

まるであなたが犯罪人であるかのように。

コモ・シ・フエラ・ウン・クリミナル。

*

一九七四年のある時期だったに違いない。その年の中ごろだったか終わりごろだったかははっきりしないが、年だけは確かだと思うし、フランスでのことだったことも間違いないと思う。ともかく、わたしがマリア・ホセファ・ルイス・タグレを初めて見たのは、そのときだった。彼女は一歳半ぐらいの赤ん坊だった。そして、わたしが間違っていなければ、彼女は、パリのわが家のキッチンのフロアで、わたしたちの息子のロドリゴと遊んでいた。ロドリゴは七歳だった。そのかたわらで、わたしたちは、彼女の母モニカ・エスピノサと話していた。わたしは間違っていると言う。わたしがマリア・ホセファをそのとき見たはずはない、なぜならモニカはそのころ子どもを連れずにヨーロッパに来ていたのだから、と。——しかし、その記憶はわたしの内側にいまなお焼きついている。わたしは、その幼いマリア・ホセファの美しさに魅せられたことを、はっきりと思い出すことができる。そして、それ以上に彼女の母親の静穏さに魅せられたことも。

わたしはモニカの夫エウヘニオ・ルイス・タグレ・オレゴをただ漠然と知っていた。何度か、党本部の廊下などで、日常の挨拶をかわしただけだ（二人とも同じ革命組織に所属していた）。共通の友人たちは、彼とわたしはもっと出会って長い時間語り合ったはずだと言うのだが、それはなかったと思う。記憶の袋を搾って、ようやく、一、二のジョークをかわした一、二の機会を思い出すぐらいだ。それが彼の人生についてわたしの覚えているすべてだ。しかし、彼の死はまた別の問題である。彼は、チリ有数の名家の出で、土木技師。カトリック大学の学生時代からの献身的な革命家だった。クーデターのときは国の北部アントファガスタにいた。国立セメント事業の総括責任者だった。九月十二日に自分から出頭した。多くの人たちと同様、軍が自分たちを傷つけたり侮辱したりはしないだろうと思ったのである。——そして、一ヵ月ほど後に殺害された。伝えられるところによれば最も残酷な方法で。

彼の死後、気になる噂が広まった。サンティアゴに住む保守派の名士である彼の父親は、道を誤った息子を釈放するよう軍に圧力をかけることを、なかなかしなかったというのである。父親はどうやら、チリ軍の伝統的な穏健さのゆえに、また名門の御曹司であることの有利さのゆえに、息子はそうひどい目に遭わないだろうと、たかをくくっていたらしい。しかし、結果は並外れて悲劇的だった。母親が要求して、固く閉ざされたエウヘニオの棺が開けられたとき、彼の体と顔は、ほとんど見分けがつかないほどに切り刻まれていたのである。しかし、わたしは常に疑問に思っていた。父親の罪深い無関心とそれに続く耐え難い喪失の物語。これは、不確実で暴力的な時期にしばしば語られる伝説のたぐいではないのか。反抗的な息子の死が保守的な親を覚醒させ、親は自分もその成立に協力した体制の真の凶悪さを認識する。これは、抑圧された社会が生み出したフィクションなのではないのだろうか。

しかしながら、彼の死が彼の家族を破壊したことは、フィクションではなかった。それは、夫の処刑のほぼ一年後にパリで会ったとき、モニカが漂っているかに見えた悲哀の深い淵のなかに見ることができた。しかし同時に、彼女のまなざしには予想外の澄明感があったと思う。まるで彼女が、運命に、自分の泣いているのを見る満足をあたえまいと決心しているかのようだった。まるで、すべての涙が彼女の内部で干上がり、もはや一滴も流れ出てはこないかのようだった。それともそれは、静かな回復力だったのか？　モニカは決意したようだった。どんな苦しく辛かろうとも人生を投げ出さず、生き抜いていこう。それが子どものためだし、亡きエウヘニオのためでもある、と。エウヘニオは、自分が殺されたことで、わたしの未来までもが殺されてしまうことなど望まないだろうから、と。だから、わたしは、数ヵ月後に、モニカがホセ・ホアキン・ブルンナーと一緒に暮らすことになったと聞いたとき、それほど驚かなかった。ブルンナーは、以前からの彼女とエウヘニオの友人だったし、わたしとも親しかった。彼は当時、オックスフォードで学位取得を目指していた。数年後には、モニカ、マリア・ホセファと一緒に帰国し、チリの最も傑出した知識人の一人となる。☆しかし、たぶんモニカにとっていっそう重要なのは、ホセ・ホアキンがマリア・ホセファの父親役になっていたことだ。彼は、マリア・ホセファを、自分の子どものように育てていたのだ。

マリア・ホセファは幼いときから、自分の生物学上の父親エウヘニオは銃殺隊の前で死んだと聞かされていた。それ以外の細かいことは話されなかった。何年もたってから彼女は思い出を書くのだが、それによれば、子どものころ彼女は一種のロマンチックな情景を思い描いていたという。男たちが広く散開して立っている。彼女の父親は、その男たちに銃殺される。この男の銃弾で殺されたと、特定することができないのだ。これは、もしかすると、父親に対してなされたその暴力が、彼女の生活を圧倒し毒することを防ぐ一つの方法だったのかもしれない。父親を殺したのは誰なのかと彼女に思い悩ませないための無意識的な対応だったのかもしれない。にもかかわらず、彼女は常に、――その遠い死をとりまきおおっている沈黙のすぐ下に、もっと恐ろしい何かが、誰もがあえて名指ししないがゆえにいっそうおぞましい秘密の恐怖が、ひそんでいることを感じていた。そして、十二歳のときのある日、奇妙な直感にみちびかれて、祖母の家にある一枚の写真の裏側を、

☆ ホセ・ホアキンはその後政治的キャリアを積み、最終的には、エドゥアルド・フレイ・ルイス・タグレ大統領の官房長官になった。同大統領は、ほかならぬエウヘニオの従兄である。

そこにありそうな何物かを求めて、調べてみた。写真に写っているのは、小さなタブの中で湯浴みをしている二歳ぐらいのマリア・ホセファ自身だった。写真の中で彼女がつかっているお湯の澄んだ美しさのせいだろうか、ともかく彼女は、写真立ての枠をはずして、かつての自分である幼児の偽りの無邪気さを乗り越えて、過去に入りこむ気になったのだ。彼女が見つけたのは、祖母が隠していた三ページの文書だった。書いたのは、父親のふたりの友人。彼らは、エウヘニオが死ぬ前に受けた仕打ちを目撃したのだった。彼らは、拷問されたものの、奇跡的に、死のキャラバンによる処刑をまぬかれた人たちだった。過去からのそれらの言葉を読んで、マリア・ホセファは、父親は銃殺隊によって殺されたのではないことを知った。——彼女自身の言葉を使うと、「彼は片目を失っていた。鼻を抉り取られていた。顔のあちこちに深い火傷があった。首は折れていた。多くの刺傷と銃創。体じゅうの骨が折れていた。手足の爪を剥がされていた。彼らは父に、わたしもわたしの母も殺すぞと言っていた」

しかし、彼女は何も言わなかった。それらの言葉を、それらのイメージを、内側にとどめていた。チリ自身と同様に。

何年もたって、一九九九年になって、二十六歳——父親が死んだのと同じ年——になり初めての子どもルカスを持ったとき、ある朝、赤ん坊を腕に抱いて、自分の父親もまた自分を抱き自分を知ることができたのだと思いいたったとき、彼女は突然嗚咽した。むしょうに、父親に手紙を書きたくなった。むしょうに自分の物語を語りたくなった。殺害された男の子どもであるだけでなく、その死に対決しそれを名指しすることを欲しない国の子どもであることが、何を意味するか、を語りたくなった。彼女は弾劾した。――わたしや、他の人たちが、過去に向き合うことのないようにするために、わたしの周囲に、いかに多くのものが張りめぐらされていることか。みんなが、毎晩眠りに就くとき、当然感じるべき恐怖を感じさせないために、いかに多くの仕掛けがなされていることか……。

しかしながら、彼女はそうした痛切な言葉を自分の中に留めた。一年半後、二〇〇〇年十一月に、エウヘニオの遺体がアントファガスタ墓地から掘り出されサンティアゴの「記憶の壁」に移されて、二度目の埋葬が行なわれたとき、そのとき初めて、彼女はある俳優に依頼して、父親にあてて書いたみずからの言葉を公衆の前で朗読してもらった。そしてそのとき初めて、かくも長い年月隠されていた涙があふれ出た。わたしが彼女の母親モニカとパリのあのキッチンで、父親のいない子どもが遊んでいるのを見たときには、涸れ果てているかのようだった涙が、二人の女性の頬を伝って流れた。そのことが起こるのに、まずピノチェトがその免責特権を剥奪されねばならなかった。そしてエウヘニオの名が浄められなければならなかった。――彼はテロリストではなく犠牲者だった。彼は犯罪者ではなく英雄だった。彼の死は凄惨なものだったが、まったく無駄ではなかった。それは戻ってきて、それを命じた男にとり憑いたのだ。まず、エウヘニオが死者の世界から戻ってこなければならなかった。そして初めて、彼の娘は昼間の陽光の中に現われ出ることができたのだ。

しかし、物語はこれで終わったのではない。何かをその隠れ場所から引き出すと他のものも出てくる。次々と現われる。エウヘニオ・ルイス・タグレには、まだ、彼の家族、彼の友人、彼の国のために果たすべきもう一つの任務があった。

グスマン判事が二〇〇一年一月末にピノチェトを自宅軟禁処分にしたとき、ピノチェト弁護団はただちに上訴し、将軍は無実であり、死のキャラバンによる処刑のどれについても彼が知っていたという証拠はないと主張した。一週間後の二月七日、オンライン新聞『エル・モストラドール』(この種の新聞は、チリのプリント・メディアでは唯一の真に自由なサイトである)は、この事件全体の中で最も決定的な意味を持つ文書を公開した。かつて一九七三年に、独裁政権の法務大臣が、——たぶんエウヘニオが名門の出身であったがゆえに——陸軍総司令官に、死のキャラバンの将校によるエウヘニオの拷問と違法な処刑について報告していた。ピノチェトは、彼自身の筆跡で、大臣に答えている。——この事実を否定し、隠蔽すべきだ。こう言えばいいのだ。「ルイス・タグレ氏は彼の犯した重大な罪状のゆえに処刑された。われわれの情報によれば拷問はなかった」と……。言うまでもないことだが、エウヘニオの死についてのいかなる捜査も取りやめさせられた。

このニュースはまたもう一つの新発見を引き起こした。翌日、同じオンライン新聞で、カルロス・バウが証言したのである。カルロス・バウは、エウヘニオが統括責任者を務めていたセメント事業の会計係であり、あの同じ九月十二日、エウヘニオ同様、自分から軍当局に出頭した人物だ。彼は、エウヘニオがアントファガスタのセロ・モレノ空軍基地で、処刑に至るまでのひと月の間、毎日拷問を受けていたことを語った。軍人たちは、アジェンデ派が武器を持ち爆弾を持っていたと言わせたかったのだ(ピノチェトの手下たちは、総司令官が解き放った血の抑圧を正当化するものを、これは戦争であり敵は武装しており危険であるという証拠を、集めようとしていたのである)。ルイス・タグレの苗字は、エウヘニオを保護するどころではなかった。迫害者たちは、彼を選んで、特別念入りに暴力を振るった。——たぶん彼を懲らしめたいがゆえに、たぶん彼らが彼らなりの階級的怨恨を持っていたがゆえに、たぶんルイス・タグレ家の人間はアジェンデ派の下種《げす》どもと付き合ってはならぬことを思い知らせたいがゆえに。理由は何であれ、拷問が始まると、エウヘニオはいつも最初に殴られ、たえず侮辱され蹴られ切りつけられた。——そして、その一年後、パリで彼の妻がそうであったように、彼の娘がつい最近までそうであったように、彼は、うめき声一つ洩らさなかった。自分の感じていることを内側に留めていた。ところで、バウは、もう一つの事実、その瞬間までチリでは広く知られていなかった情報を付け加えた。殴打を最初に開始した将校の名前である。まずこの男がエウヘニオの性器を蹴りつけた。それが引き金となって、彼に対して毎日毎日暴力が振るわれるようになったのだ。彼の名は、エルナン・ガブリエリ・ロハス中尉。現在、チリ空軍総司令官を務めている男である。

確かですか？　ジャーナリストはバウに訊いた。

間違いありません。

そしてそれに続く日々、バウの証言は、他の目撃者たちによって確認された。エルナン・ベラ、フアン・ルス、そしてやはり囚人であったナバロという名の将校によって。ナバロはまた、ガブリエリが十四歳の少年を拷問している現場を見たとも証言した。

二月十二日のガブリエリ将軍の反応は、ただ自分の無実を宣言するだけではなく、バウその他の人々を、誹謗中傷のかどで告訴するというものだった。総司令官を名誉毀損から保護している国家安全保障法のある条項にのっとった措置であった。しかしこの告訴は、後に棄却された。（バウは言った。「われわれは彼を中傷などしていなかった。ただ彼についての真実を告げただけだった」）。そしてその年、数ヵ月後に、空軍の激烈な抵抗にもかかわらず、ガブリエリはその地位を去ることを余儀なくされたのである。

ピノチェト将軍の裁判のもう一つの二次的効果、学ばれるべきもう一つの教訓がある。恐怖は、一瞬の啓示的な輝きによっては征服されない。それは、記憶そのもののように、緩慢なジグザグなプロセスである。もっと明確に言おう。わたしは、かつて一九七六年か一九七七年に、ルイス・タグレの迫害者としてのガブリエリの名を読んだことがあったのだ。カルロス・バウがオランダに到着したときのことだった（わたしの家族はパリからその地へ移住したばかりだった）。バウはすでに四十年の刑期のうち三年を服役し、二十年間の国外追放に減刑されていた。彼は自分の恐ろしい体験を語るのに何のためらいも持っていなかった。その会話のなかで、わたしがあとになって何にもまして思い出したのは、わたしの脳裡に浮かび何年にもわたってとどまった一つのイメージ――拷問された人は、その後、命ある限り、目の奥にサングラスをかけ続ける――そういうイメージだった。アムステルダムに着いて数日後にカルロス・バウはジュネーヴに行き、国連人権委員会で証言した。わたしは、しばらくしてから、暇なときに、彼のその証言を読んだに違いない。そしてその中で、ガブリエリの名前を見たはずである。ただ、その名前は、わたしの心から完全に抜け落ちてしまった。これは、それほど特異なことではない。われわれは、非常に多くの名前や事物や状況を忘れるものだ。そう、特別なのは、苦痛なほどに啓示的なのは、カルロス・バウや他の人たちが自分の経験について話すときはいつでもガブリエリのことを口にしていたのに、チリにいるすべての人たちもまた、その名前を忘れてしまったことなのだ。あるいは、ただあえて注意を払わなかった、あるいは、注意を払うことがもたらす結果に直面したくなかったことなのだ。

それが可能になる瞬間が来るまでは。

ピノチェトが逮捕され、罪状認否を求められ、すべての人間と同様、法律に服従して、彼の不可侵性のオーラを破られ、われわれの心臓を凍りつかせてきた彼への恐怖が打ち砕かれるまでは。

マリア・ホセファがようやく語ることができたのは、われわれがようやく、カルロス・バウが何年にもわたって繰り返し告げていたことを聞くことができたのは、それは、彼女と彼がもはや孤独ではなかったからだ。非常に多くの、近くや遠くの人々が、徐々に心を開き始めたからだ。わたしは作り話をしているのではない。わたしは、チリを訪れるたびに、多くの人々に会う。かつて、恐怖の年月を語るとき、彼らは目を地面に落としていた。あるいは目をしきりに動かしていた。いま、彼らはその目を上げて、わたしの凝視を受け止める。だから、わたしは、たとえば、フェリペ・アグエロの物語[★25]を語ることができた。フェリペは、わたしの以前の義弟イグナシオ（そう、一九八三年のあの宵ピノチェトの手袋がわれわれに向けて振られるのを見た男だ）の双子の兄弟だ。フェリペは、最近、カルロス・バウとその元囚人仲間が、二十七年前拷問に従事した空軍司令官をその地位から引き摺り下ろすのを目の当たりにして、決心し、同じ学者である、カトリック大学のエミリオ・メネセスという政治学教授を、悪名高いサンティアゴの国立スタジアムにおける尋問官の一人として、名指ししたのである。わたしはこのフェリペの物語を、また他の多くの物語を、多くの人々に語ることができた。

締めくくりに、次のような経験を紹介しておこう。一九八八年の国民投票でピノチェト反対のために活動していたとき、わたしは、ラ・レイナのわが家から遠くないポブラシオン〔低所得者層居住地区〕で、一人の歯の抜けた老女に会った。彼女はわたしに、あえてピノチェトに反対する投票はしなかったと言い、こう続けた。「だって、あの人の目はお見通しなんだもの。とりわけ投票所ではね」

十二年後、将軍がサンティアゴで自宅軟禁とされた数ヵ月後に、わたしはこの老女に再会した。彼女は、今度は、ピノチェトについていくつかジョークを飛ばし、自分の発言を彼がこっそり聞いているかどうかなど、もはや、まったく気にしなかった。

二〇〇一年七月

きょう、二〇〇一年七月九日、チリの控訴裁判所は、ピノチェト将軍の裁判を、二対一の評決によって、一時的に停止した。理由は、将軍の精神的無能力である。被害者側の弁護士たちは上訴すべく努力していると述べているが、この訴訟において、上訴の法的可能性はもはやない。そう、判事たちの決定をくつがえす方法はない。

ピノチェトの精神。ピノチェトの心。

わたしはそこに入り込めない。彼の心の中にもぐり込めない。何十年も前、ラ・モネダで初めて、電話で話しかける彼の声を聞いて以来、どんなに努力しても、彼の心を真に理解することは、いまだに、できないでいる。——そしていま、彼をまたしても救ったのは、最後の、土壇場の、決定的な瞬間に、彼をわれわれから隠したのは、彼のあの測りがたい精神だったのだ。

ここに一人の男がいる。彼は、数ヵ月前には——彼を解放することになる医学的検査を受ける直前には——、支持表明のために来訪した百二十人の将軍を一人残らず、名前も含めて、見分けることができた。ここに一人の男がいる。彼は、一月、医学的検査の初日に、ルイス・フォルナッツァリ博士を自宅に迎えたとき、フォルナッツァリの生まれ故郷イキケの町について、またそこに住む彼らの共通の知人たちについて、軽口をたたくことができた。ここに一人の男がいる。彼は、その翌日、フォルナッツァリ博士に対して、きみはジョアン・ガルセス——かつてアジェンデの顧問であり、その後ピノチェトを追跡しているスペイン人——と似ているねと言い、どんなところが似ているのですかと訊かれて、外見や物腰も似ているがそれだけじゃなく、きみたちがどちらも「告発者側」の人間だってところがさ、と答え、それから皮肉っぽくこう付け加えた。「きみは立派な神経科医で立派な精神科医だ。もっと説明が聞きたかったら、あとで連絡してくれたまえ」。ピノチェトはゲームをやっている気分なのだ。ここに一人の男がいる。イギリスで釈放される直前に、ある支持者が、チリに戻られたら、ご健康状態にかんがみて、もう上院の会議に出席なさらないほうがよろしいのではないでしょうか、と言ったところ、彼は、「そうだな、しかし帰国して、もし健康状態がよくなったら、どうするんだね?」と答えたのだ。ここに男がいる。彼は、フォルナッツァリ博士——この二十年間、痴呆症に関する国際ワーキンググループと共に研究している国際的専門家であり、日本、テキサス、シカゴ、ヘルシンキ、オンタリオでの実験や診断結果を引用できる立場にある——によって、その障害は皮質下性であって、記憶や認識や思考統合能力を損なうものではなく、それゆえ、裁判を受ける能力は完全にある、と診断されている。しかし、それにもかかわらず、控訴裁判所の多数派は、まことに賢明にも、将軍は質問に答えることもできず、地方の司令官に死のキャラバンについて嘘をつくよう求めた文書の筆跡を自分自身のものかどうか認識することもできない状態である、と判断したのだ。

この結論に到達するのに、判事たちは法律をねじ曲げ、痴呆症の意味を再解釈しなければならなかった。その決定の中で、彼らは痴呆症の観念の範囲をひどく拡張した。だから、有罪判決を受けてすでに服役中の囚人の中に、ピノチェトよりも深刻な精神状態にある者が数百人いてもおかしくはなく、そういう囚人たちは、再審理を要求して釈放してもらうことだってできるはずなのだ。裁判所は、万一、ピノチェトの精神状態が顕著な回復を示した場合には、訴訟は再開されるなどと予告しているが、それが単なるフィクションであることを知らない者はない。将軍は自由の身となり、よろぼいながら、最晩年の境涯へと入っていくことが許されたのだ。政治的理由のゆえに、自分の犯した犯罪についていま一度の質問に答えることも求められずに。

ピノチェトが病気であり裁判を受ける能力がないとの判断を下した二人の判事は保守派である。ピノチェトが訴訟手続きのストレスに耐えられないと診断した医師たちは、フォルナッツァリ博士のようにカナダに住んでいるのではなく、チリに住んでいる。ピノチェトの殺し屋部隊がまだ野放しになっていて、人々の会話に耳を澄まし、なにかといえば脅迫状を送りつけているチリに。それらの医師や判事たちは、民主主義政府が、一応は中立的立場をとりながらも、実は、ピノチェトの裁判が始まろうものなら、陸軍との間に、途方もない、ほとんど乗り越えがたい緊張が生まれてしまうと見て、一貫して、裁判が行なわれないことを希望し続けている国に、生きている。彼らは、裕福で有力な者は、貧しくて無力な者よりも、正義の裁きをまぬかれやすい国——こんな国、この地上のどこやらの国々とそれほど違った国だろうか？——に生きているのだ。

ここに核心がある。そもそものスタートから、将軍がスコットランドヤードに逮捕されたその瞬間から、あまりに巨大なパワーを持つあまりに多くの人々が、ピノチェトを自由の身にすることに、莫大な金額を賭けていた。驚くべきことは、ほとんど三年に及ぶこの闘争において、われわれが非常に多くの勝利を獲得してきたことだ。ピノチェトは、わたしが夢みた運命を、ただ、誕をたらした痴呆者だと宣言されることによってのみ、逃れられたのである。実際、ピノチェトが、二十五年にわたり、不敗の歴史を誇りいまなお火力の独占を保持している陸軍の、超絶的指導者であったことを思えば、ピノチェト派がこのような不名誉なやりくちで彼らの英雄を裁判沙汰から救い出すのに、一年半近くもかかったこと自体が、いっそう奇跡的にさえ見えるのである。

このニュースを聞いても、わたしが妙に楽天的な気持ちでいるのは、この理由のゆえだろうか？　わたしは、独裁者が実際に逮捕されてたとえ一夜でも獄舎で過ごすとは、決して思っていなかったがゆえなのだろうか？　いや、違う。わたしの達成感を生み出しているのは、そして、本来目指していたものほど完全ではなくても、わたしにこの結末を祝う気持ちにさせているのは、もっと深い何かなのだ。将軍を追跡し、彼が追いつめられるのを見てきたこの年月のあいだに、わたしはゆっくりと確信をいだくに至ったのだ。ピノチェトの偶然的で不確実な肉体に起きることは、この終わりなき裁判がすでに人類の広範な精神にもたらした変化に比べれば、究極的に重要ではない、と。

その人類の精神は、神秘主義的なものでもなければ単なるユートピア的幻想でもない。それは、さまざまな思想と感情が絶えざる闘争を続けている戦場である。種としての人類を規定しているのは、長い歴史的時間を通して、人間であることが何を意味するか、出生という決定的環境のゆえにわれわれはどのような権利を持つのかを探求し決定してきた模索的で不安定な努力である。そうした人間の権利を組織的に侵犯する者たちに、最終的で個人的な責任を回避させないためには、審判の日を迎えさせるためには、どうしたらいいのか？

ピノチェト事件は、よりよい人類社会を求めるこのいとなみにおける、基礎的な一歩として記憶されることだろう。そしてそれは明瞭な実践的効果を持つことだろう。世界には今日、数千の悪辣な人間がいる。仲間である市民たちの生命を絶滅させ、その肉体を強姦し拷問した人々だ。しかし、彼らは、将来、ただただピノチェトの引渡し裁判のゆえに、過去においてのほほんとやったようには海外を旅することはできないだろう。これらの大罪人たちは、これから先、自国の国境線の内側に閉じ込められることになるのだ。

この新しい世紀の間、彼らは二度とふたたび、夜、安眠することはないだろう。いまや恐怖を感じるのは彼らの番だ。

これは、ピノチェト将軍の、人類への紛うことなき贈り物だ。

ありがとう、将軍。

いまや、恐怖を感じるのはあなたの番だ。

*

あるいは、わたしは、こうやってみずからを慰めているだけなのだろうか。明日の朝、ピノチェト将軍は、目を覚まして、ほぼ三年ぶりに、自分が直面しなければならないのは、内心にひそむ自責の鏡が突きつける質問だけであることを知る。彼が作り出した犠牲者たちからの質問にはもう二度と答えなくていいことを知る。こんな事態を前にして、わたしは、あえて自分を励ます言葉を書きつらねているだけなのだろうか？

ファースト・エピローグ

チリの影

結局、われわれは、ピノチェトがチリに戻されたとき世界が送ってきたテストに合格したのだろうか？　われわれは、国立スタジアムで行方不明者の母や妻が、観衆に一緒に踊るよう求めながら、彼女らだけで踊るのを見たあの日に、ピノチェトから受け継いだ過去、あの恐るべき過去を拭い去ることができたのだろうか？　われわれは、移行期の苦境の中であまりにしばしば忘れられ延期されてきたあの仕事をなしとげたのだろうか？　ピノチェト将軍の逮捕の後、そして彼をめぐる多くの裁判の間に現われてきた国、その国は永遠によりよい方向に変化したのだろうか？　本書は、終始一貫、われわれが、わたしの最も野放図な夢をも超える成功をかちとったことを、示しているのではないだろうか？

われわれは、ロンドンとマドリードで始まったあの仕事を、完全に終結させることはできなかった。われわれには、強さがなかった。われわれの国を道徳的に変革し、元独裁者に法廷で「有罪」

の判決を宣告するというきわめて特別な日を実現させるに足る強さがなかった。この悲しい現実は、警告として役立たせるべきである。なぜなら、それは、不完全な民主主義を、残忍さとテロルのトラウマ的影響からまだ脱していない国を、示しているからである。しかしながら、わたしは、チリのこのより深い民主主義化が、ゆっくりと進行し開花していくことを疑わない。そして、自分に告げる。海外に暮らし、故国の、日々続いている困難な闘争から離れている者は、辛抱強くあるべきなのだと。

いずれその日は来る。ピノチェトがわれわれから盗んだ国、彼が盗むのをわれわれが許した国、――その国をわれわれがようやく取り戻す日は、必ず来る。

セカンド・エピローグ
圧制者たちへの長いお別れ

一九九八年十月、カリフォルニアにいたわたしが、アウグスト・ピノチェトがロンドンでスコットランドヤードの刑事たちによって逮捕されたというニュースを聞いてショックを受けていたのと、たぶん同じ時刻に、スロボダン・ミロシェヴィッチもこのニュースに接したはずである。そのとき、彼の脳裡をよぎったものは何だろうかと、わたしはしばしば思う。ミロシェヴィッチは、その時点では、まったく確固としてユーゴスラヴィアの大統領だった。外国の法廷が、かつての国家元首たちを、彼らが侵犯し迫害した、まさにその人類の名において、裁判にかけ得るという発想に、彼は慄然としただろうか？　彼は、チリの将軍の運命に、自分を待ち構えているかもしれないものを予見しただろうか？　四年足らず後に、自分がハーグの国際刑事法廷に引き出されていることを想像し得ただろうか？

わたしが、ラジオやテレビにさかんに出演して、かつての独裁者たちを、もし彼らの祖国でそれができないなら、祖国以外の国で裁判にかけるべきだとの議論を擁護していたとき、コメンテーターからも、電話をかけてくるリスナーからも、決まって、次のような意見を聞かされた。——ピノチェトが直面しているような裁判は、各国の現在の抑圧者に、なんとしてでも権力の座に留まることを決意させてしまうのではないか。掩蔽壕に立てこもり、弾薬の尽きるまで戦う気にさせるのではないか。むしろ、独裁者たちは、略奪品を抱えて、静かに引退させるほうがいい。彼らの圧政の下でさんざん苦しんだ人々に、またしても、長引く国内紛争の苦難をあたえるのは、避けるべきだ。多くの人命が救われることを思えば、独裁者を見逃すことなど、わずかな代価ではないか。苦しみ悩んだ国の市民はこの方法を選ぶのが一番よいのではないか。

わたしには、ピノチェト裁判に反対するすべての議論の中で、この意見こそ、最も危険で最も欺瞞的なものに、当時も思えたし、いまも思える。この意見は、圧制者たちは、彼らがその気になったとき去るのであって、放り出されたときに去るのではない、と決めてかかっている。いいかえれば、この意見は、民衆自身がみずからの歴史の主人公ではないことを、彼らが民主主義の真のそしてしばしば秘密の設計者ではないことを、前提としている。たとえば、チリの場合、ピノチェトは一九八八年の国民投票の結果を無視しようとした。彼がようやくそれを受け入れたのは、軍と国際社会が、民主主義勢力の勝利を認めると宣言した後のことであった。ドン・アウグストの弱さと孤立は、チリ民衆の巨大な闘争の力なしには生まれなかったのである。この闘争の中で、われわれは数千の人命の損失、数十万の亡命、拷問、追放、殴打、迫害をこうむったのだが。——ポーランドやナイジェリア、インドネシアやハイチ、南アフリカやチェコスロヴァキアでも、話は同じである。それら諸国の権威主義的体制の崩壊をもたらしたのは、それぞれの国の民衆の、自由のための闘争だったのである。

圧制者たちが去るのは、彼らが善良であるからではない。彼らが去るのは、ほかに手段を持たないから、未来の想像力をめぐる闘いに敗れたから、である。彼らの数百万の同国人が、ひとりひとりの内心の奥深くで、また、より危険な都市の街路の上で、別の種類の世界を、免責特権が永遠に支配することのない、そんなことの許されない世界を夢みるようになったとき、彼らは去らざるを得ないのである。

一般民衆の力へのわたしの情熱的賛歌は、耳を傾けられなかった。わたしは告げられた。ミロシェヴィッチを見るがいい。まあ、待って見ていなさい。ピノチェト将軍の裁判はミロシェヴィッチの終焉を限りなく遅らせることになるだろう。まあ、待って見ていなさい。

われわれは待った。そして、見た。二〇〇〇年十月、ロンドンでのピノチェトの拘束の二年足らずのちに、セルビアの民衆がミロシェヴィッチに反抗して立ち上がるのを、われわれは見た。ユーゴスラヴィアの圧制者は少しも甘やかされなかった。彼に辞任を決意させるために、将来、起訴はしないなどという保障もあたえられはしなかった。完全な免責の保証などミロシェヴィッチにもその仲間にも提供されなかったにもかかわらず、予言されていた流血の惨事は起きなかった。たしかに、彼らの地位と人気が掘り崩されたのは、ＮＡＴＯの空爆によるものだ。そして、一年足らずのちには、セルビアの元独裁者はハーグの国連国際法廷に引き渡され、そこで彼はいま、自分が問われているジェノサイドの罪に対してみずからを弁護しようとしている。わたしがピノチェト将軍に起こるのを望んだこと——犠牲者たちが彼と対決すること——が、ミロシェヴィッチの運命となったのである。

このようなシナリオは、もちろん、海外からの強い圧力なしには可能ではない（ミロシェヴィッチの場合、この圧力は、十億ドルの借款を留保するぞという合衆国の脅迫によって、ひときわ目立つものとなった。——もちろんこのような威圧はチリには適用されなかった。合衆国政府は、ホワイトハウスから二十ブロック以内の地点でレテリエルを爆殺したかどで、ピノチェトの引渡しを求めることなど、一度もしなかった）。このような国際社会の側の監視、犯罪を犯した元政権高官は責任を問われるべきだという国外からの一貫した要求、こうした圧力がそれほど不可欠なものになっているとすれば、それは、いまの時代、各国での民主主義への移行過程を汚染している、不気味なモラルの病いのゆえである。わがチリの状況はこれまで見てきた通りだし、旧ユーゴスラヴィアの場合も同じである。カンボジアでも、ルーマニアでも、フィリピンでも同じことが起きている。新しい指導者たちが平和と安定の時代をみちびきいれようと努めている世界中のあまりにも多くの不運な国々で、同様のことが起きているのだ。

新政権をになう人々が、しばしば、まさに独裁に対するレジスタンスの先頭に立った人々が、選択的健忘症の主唱者となり、昨日起きたことにではなく、未来に目を向けよと、国民に説いている。おぞましい出来事を調査し、古い犯罪をほじくり返し、かつての高官たちを裁判にかけることは、現在の最も緊急な仕事から、国民的和解という第一義的目標から、注意をそらすだけでしかない、と彼らは言う。チリの場合でいえば、新しく選ばれた民主主義的政治家たちは、——過去の苦痛を無視することによっては、破壊された国家の神話的統合など達成不可能であることを、そして、かつての支配者とその追従者たちに完全な免責を許すことは、法の支配を腐食させ、われわれの倫理的未来を放棄することに繋がることを、認識しなかったのだ。もし、われわれが、スペインの一判事の行動――そしてイギリスの裁判所の決定――にはげまされることなく、ピノチェトを訴追することがなかったならば、彼はいまだに上院で、自己満足的な演説を打っていたことだろう。ピノチェト事件の場合、進行中のミロシェヴィッチ裁判と同様、国際法廷の増大しつつある権威と監視が、地域的国内的レベルでの正義の探求を、妨げるのではなく援助していることは明らかである。

ピノチェトが偽りの健康上の理由で最終的に訴追をまぬかれたという事実は、その後、責任追及に向けての世界的レベルでの前進を抑止してはいない。旧ユーゴスラヴィアとルワンダに関する二つの戦争犯罪法廷は、シエラレオネに関する特別法廷と同様、適切に機能している。国際刑事裁判所設立のためのローマ規程は、すでに十分な数の国によって批准され、その機能の様態、構成人員等についての議論が始まっている。この裁判所が間もなく開設されるということ自体が、未来のピノチェトたちや過去のミロシェヴィッチたちをいっそう用心深くさせているのである。われわれは、ジレンマで一杯の世界に入り込もうとしている。どのジレンマも、二〇〇一年九月十一日のテロ攻撃によって、また、それに対する合衆国の反応によって、引き起こされたものだ。そしてその世界では、民衆の権利に対する侵害がふたたび激発するに違いない。支配者たちによる同国人へのテロルは、――チェチェンやパキスタン、トルコやチベットのように――見逃されるだろう。アメリカは、別の戦争、「反テロリズム戦争」にひたすらのめりこみ、その戦いにとって重要と思えない地域（ラテンアメリカやアフリカ）には関心を示さなくなっているからだ。イラクや北朝鮮といった国の人権侵害の立役者たちが大目に見られることは言うまでもない。これらは、アメリカの勢力圏の外側にあると定義された国であり、そこの民衆が置かれている苛酷な状況を緩和すべき動機などもはや存在しないのである。要するに、われわれは、これまで以上に、国際的司法組織を必要としている。国内の裁判所が扱うことのできない、あるいは扱おうとしない、人道に対する犯罪を審理することのできる裁判所、すべての関係者すべての国によって受け入れられる国際的裁判所がますます必要になっているのである。予期しなかったわけではないが、世界唯一の超大国がこのような提案に反対し、将来にわたってその裁判所の決定を認めない態度を表明していることは、残念なことである。

　実際、もしそのような法廷が適切に機能していたら、このピノチェト問題そのものがまったく起きなかったかもしれないのだ。チリは、もし国内で裁く意思ないし能力がないのなら、元独裁者を引き渡しただろう。しかし、その場合でも、ここで二重基準が働いているとはチリ人の誰もが感じなかっただろう（セルビアのミロシェヴィッチの場合は、それが感じられた。そしてそれには、ある程度根拠があった）。弱小国の戦争犯罪者だけが裁判にかけられ、大国の指導者たちは、そう、天安門事件であれニカラグア主要港湾への機雷敷設[★26]であれ、責任を問われることはないという二重基準。しかし、これは、もちろん、国際刑事裁判所のかかえるさまざまな問題点の一つである。このような機関が成立し機能するにはまだしばらく時間がかかるし、そのうえ、それの下す判決がすべての署名国によって受け入れられるかどうかは、まだわからない。ともあれ、ピノチェト訴追が、人権問題に関する他の訴訟のモデルとなり励ましとなっていることは、心強いことである。

たとえば、チャドのジェノサイド的支配者ヒセーヌ・ハブレの場合。彼は、近くのセネガルで、チャドの国庫からくすねた金をしこたま持って、華やかに暮していた。ガルセスとガルソンの業績に発奮したセネガル市民の一グループが、彼を告発し、これは、あるセネガル人判事によって受理された。ところが「アフリカのピノチェト」（実際彼はこう呼ばれたのだ）は、上級裁判所によって釈放された——チリの裁判所が最終的にピノチェトを免訴したのと同じやり口だった——。すると、ベルギー——自分たちには、かつての国家元首たちを人道に対する罪のかどで裁く権利があると一貫して主張していた国である——が、乗り出してきて、ハブレの引渡しを要求した。これについては現在なお議論が続いている。ベルギーはまた、アリエル・シャロンを裁判にかけることを求めている。シャロンが、一九八二年のレバノンのサブラとシャティーラの大虐殺[★27]にかかわっていたというのがその理由である。当然のことながら、後退もある。——たとえば、大量殺戮を行なったクメール・ルージュ幹部を裁くことになっていたカンボジアの裁判所からの国連の撤退（独立性についていかなる保証もないためだった）、あるいは歴代アルゼンチン政府による悪質な人権侵害者たちの引渡し拒否、あるいは、ジェノサイド容疑によるコンゴ民主共和国元外務大臣イエロディア・ヌドンバシに対するベルギーの逮捕状を違法とした、ハーグの国際司法裁判所（国連の公式司法機関）の決定、など。しかしながら、他の戦線では、前進がかちとられている。たとえば、キッシンジャーがブラジルへの旅行を取りやめた。グスマン判事（そう、彼はまだ頑張っている）が、一九七三年にチリに独裁をもたらした責任者の一人として彼を逮捕させると宣言しているからである。東チモールの元の施政官は、インドネシアによる占領の最後の数ヵ月に、数千人の虐殺を引き起こしたとして、法廷に引き出されている。あるアメリカの判事は、シェル石油は、ナイジェリアの詩人・活動家のケン・サロ‐ウィワその他の人々の死について責任があり、ナイジェリア政府との共謀のかどで裁判にかけられ得る、との判断を示している。わたしは、これらの事件やその他の非常に多くの訴訟行為が、直接、ピノチェト将軍の引渡し裁判をきっかけとして始まったと言っているのではない。しかし、歴史家たちは、いまから何世紀も後に、ピノチェトの訴追が、その著名さのゆえに、またそれが普遍的法体系において確立した先例のゆえに、実際、転換点となったと、論じるかもしれない。

もしかすると、ピノチェトの敗北は、道徳的風土における一つの深い変化を示しているのかもしれない。同様のことが、それほど遠くない過去に起きている。地球のエリート層のほとんどにとって当然のことと思われていた奴隷制が、数十年のうちに、忌まわしく憎むべきものと見なされるようになったのだった。一週八十時間労働が非合理的とは見られず、幼年労働が貧乏人の家に生まれたすべての子どもの運命と考えられ、女性はみな男より劣っていて自分の意見など持たないと思われた時代があった。――そして、われわれは、これらのすべての問題について、認める認めないを定めるコンセンサスが変化したことを示す、主だった象徴的出来事を、指摘することができる。たぶん、われわれはいま、同様な変化を迎える寸前の時点にいるのだ。自国の民衆を収奪し殺害する支配者たちは必ず何らかの懲罰を受ける、そういう世界を想像する能力を獲得しようとしているのだ。ともあれ、わたしの予言はこうだ。今日の圧制者たち、あるいはたぶん明後日の圧制者たちは、ミロシェヴィッチの割れた鏡をのぞきこみ、またピノチェトの殺人的で狩り立てられた目をのぞきこみ、必ず、自分たちの未来を見ることになるだろう。

だが、待ってほしい。ピノチェトは、最終的に罪をまぬかれたのではないのか？　そして、それには教訓があるのではないのか？　わたしの頭の中のジェノサイド的殺人者は自分に言うのではなかったか、「おれはいつだって狂っているふりができるのさ。おれは、老いぼれて、裁判にかけるのが無意味になるまで頑張るのさ」と？☆

そうなると――ピノチェトの最終的意味は何なのか？　いまから長い年月の後に、彼の物語はどのように解釈されるのだろうか？　それは、彼の旅が、彼とわれわれとを、どこに連れてきたかを明らかにする究極的なテストではないだろうか？

一つ預言をさせてほしい。その果てしない人生のすべての戦いのなかで、将軍がもはや勝つことが望めないのは、彼がその死後にどのように記憶されるかについての戦いだ。彼の名前をかたち

☆　正確に一年後、二〇〇二年七月、この本が印刷にかかろうとするとき、ニュースが届いた。チリ最高裁判所の五人の判事が、四対一で、ピノチェトに対する訴訟を、彼の精神的能力の不可逆的な悪化のゆえに、断固として棄却したのである。司法制度のこの恥ずべき降伏の数日後には、一幕の茶番劇が演じられた。元独裁者は、祖国の幸福のために、終身上院議員の職を辞する。とはいえ、もちろん、元大統領としての免責特権、身辺警備班、給与は従来どおりである。「精神を病む患者」がみずから書いた手紙の中で、彼はかなりの鋭敏さと理性を持って、自分の政府と自分の歴史的行動を弁護していた。このグロテスクな見世物に続いて、「わたしは狂っていない」という彼の声明が発表された。もし、「正義はなされた」という政府声明がわれわれを世界の笑いものに変えていないとしたら、それはただただ、世界が、ピノチェト帰国の際の、あの大いに喧伝された約束が履行されるという希望を、すでに失っているからである。

づくるあの硬い三つのシラブル――Pi‐no‐chet――が、どのように時間を持ちこたえ、どのように明日の語彙のうちに固定するかをめぐる戦いだ。未来の言語の統御をめぐる戦いに将軍は負けた、とわたしは思う。

成人となってからのほとんどの期間、わたしは、ピノチェトがわたしとわたしの愛する者たちにやってきた仕打ちを制止することができなかった。だからこそ、わたしは、もしかすると、少なくともピノチェトという語が、どのように未来に伝えられるかを、われわれがある意味で決定できるかもしれないという可能性に魅せられた。わたしは、歴史の審判を予告したいという欲求にとり憑かれて、ある小説のなかで、こんなことを書いた。いまから三万年後、ツィルという名の架空の国★28で(チリはいつか、そういう名で知られるようになるかもしれないのだ)、子どもたちは喧嘩相手を侮辱するとき「ピンチョト」と呼ぶ。これは、その遠い未来の国で、親が子どもたちに語る訓戒的お伽話に出てくる、特別に猛悪なドラゴンの名前なのだ。とはいえ、わたしは気づいていたのだが、わたしがピノチェトを、未来の人々にとっての一つの罵言に変えて楽しんでいたときでさえ、ピノチェトは、現代の共通語に位置を占めるための決闘において、実のところ、わたしにとってはあまり好ましくない意味を伝えていたのである。ピノチェトは、(ピノチェタソ★29のように)突然の軍事的権力奪取を連想させる語となっただけではなかった。一つの低開発国に経済モデルを押し付け、蹴とばしたり、まったく文字通り悲鳴を上げさせたりして、近代化と進歩へと引きずり込む、そのために必要な鉄拳を連想させる語となっていた。亡命の旅のなかで、わたしはどんなにしばしば聞いたことだろう、「この国で必要なのは一人のピノチェトだ!」という賞賛的で勧告的なフレーズを。つまり、この悲しい国は、真のマッチョを必要としている、彼なら、潜在的なトラブルメーカーどもを抑えつけてくれる、そして、連中を震え上がらせて、外国からの投資とＩＭＦ借款への前提条件としてグローバル・システムが命令しているショック療法に抵抗できなくしてくれるに違いない、というわけだ。

一方ではボギーマン〔悪鬼〕、他方では、あまねく学ばれるべきパラゴン〔模範〕という、ピノチェトのこの両義的肖像は、わたしの希望とは異なって、チリが一九九〇年に不確かな制限された民主主義に戻ったとき、消えはしなかった。ピノチェトは、われわれが支配的なシステムに疑問を投げかけようとしたら起こるかもしれないことの一つの脅迫としてわれわれの頭上にのしかかっていただけではない。彼はいまや、やはり民主主義への激動的な移行を経験しつつある他の諸国から賛美されてもいた。あらゆる階層のロシア人——極端なナショナリストだけでなく——が、彼らの国には「ソヴィエトのピノチェト」が絶対に必要だと公言していた。そして、偉大なヴァーツラフ・ハベルの下の副首相バルトル・コマレクは、チリ訪問の際、ピノチェトを、「偉大な個性」として、また、その経済的モデルをチェコ人がよく見習うべき「独創的指導者」として、賞賛したのだった。

そんなわけで、ピノチェトという人物とピノチェトという語の双方が、人権団体などの世界的なキャンペーンにもかかわらず、決定的にネガティブな含意を持つことから、なんとかまぬかれている。血に飢えた冷酷な独裁者のイメージと重なって、いや、しばしばそれをしのいでいるのが、自分たちにとって何がよいか分からぬ、しつけを必要とする、子どものような国民にとっての、高貴な父親代わりの指導者たるピノチェトである。近代化の推進者、さらには解放者、キッシンジャーのかつての悪名高き発言★30のように、一つの国をそれ自身の無責任さから救うためには、若干の流血も恐れぬ男。そして、警告のシグナル。そう、これこそ、イギリスで逮捕される瞬間まで、世界中の数百万の人々に、ピノチェトが象徴していたものだ。体制の変革だのもう一つの世界の創造だのを夢みてはならぬという、反乱者たちへの警告。世話を焼かせ、好き勝手に振舞い、怠惰にふけり、要求ばかりしていたら、碌なことはないぞという、貧困者たちへの警告。

しかしながら、この四年間の出来事は、ピノチェトの意味論をドラスティックに変更した。彼の拘束、裁判、公的屈辱は、「警告」という語に極度の改変をもたらし、その意味を再定義した。いまでは、ピノチェトのことを思って恐怖心に満たされるのは、一般民衆ではない、彼らを支配する世界中の大小の圧制者なのである。

ピノチェトの実例は、政府に励まされて自分の無答責を確信して人道に対する罪を犯し、しかるのちに、ひょいと肩をすくめて、タバコを吸いながらあるいはキャンデーを口に放り込みながらその悲惨から歩き去る者たちの手を押さえることになる。——簡単にそう思い込むほど、過ぎた一世紀の歴史を見てきたわたしは、楽天家ではない。しかし、ピノチェトのあのイメージ、免責特権を剥奪され、スコットランドヤードに逮捕され、そのあと故国チリの裁判所において非難の言葉を浴びせられたピノチェトのイメージは、それら人権侵害者たちの頭脳のある部分に浸透したに違いない。彼らの目や筋肉に入り込んで、彼らに、彼らを待っているかもしれない不吉な運命について考えさせたに違いない。わたしはまた友人たちのことを思うのだ。あるいは少なくとも友人のうちの数人、いや一人でもいい。彼ら、あるいは彼は、死を前にした孤独な瞬間に、将来、きっと何らかの正義の裁きが行なわれるはずだと自分に言い聞かせたことだろう。彼らはまた、自分たちは永遠に忘れられた犠牲者として、未来永劫、虚空をさまよっているはずはないと、ひそかにつぶやいたことだろう。その通りだった、彼らは正しかったのだと、わたしは思いたいのだ。

将軍がかくもみごとに罰せられたがゆえに、今後も人権侵害がやむことはないとしても、それにもかかわらず、権力とは平等とは記憶とはどういうものかを考えるその思考方法に、微妙な転換が生まれている。

何十年もの間、わたしは、チリが不幸にもピノチェトという人間ばかりかピノチェトという語を人類にあたえていたことを、恥じていた。

この語が、逆に、いつの日か地球へのわれわれの遺産になるかもしれないなどと誰が考えただろう。この地球上に生まれたすべての子どもに、決して、どんな環境の下であろうと、絶対に、ピノチェトになってはいけないよと、激しく言い聞かすための言葉になるなどと。

あるいは、もっといい場面をわたしは想像する。いまから数千年後、子どもたちが野原か運動場で遊んでいる。

そのうちの一人が、何か非難、侮辱、罵言にあたいするような言動をする。相手の子はこう叫ぶ。

「おい、ピノチェトになるなよ」

「ピノチェトだって？」言われた子は答える。「ピノチェトだって？　ピノチェトって誰さ？」

ピノチェト？

いったいピノチェトとは何者なのか？

謝辞にことよせて最後に一言

ケノの話をする前にまず他の方々から始めさせてもらう。

この本が生まれたのは、セヴン・ストーリーズ・プレスのわたしの担当編集者で友人のダン・サイモンのおかげである。彼は、ピノチェト将軍の果てしなき裁判はこのような書物を必要としていることをわたしに悟らせ、さらに、わたしがこの問題についてそれまでやや広範囲に書いていたのとはまったく違うものを書くよう刺激し、執筆がはかどるよう叱咤してくれた。マドリードの『エル・パイス』紙のわたしの担当編集者たちにも感謝する。ホアキン・エステファニアとマリア・コルドンは協力して、ピノチェト逮捕事件が三年以上にわたって展開するなかで、二十回以上の特集ページを組んでくれた。著名なボブ・バーガーによって率いられた『ロサンゼルス・タイムズ』のチームにも感謝しなければならない（特集ページ編集長としてのボブ・バーガーの最近の引退は、われわれの多くにとって痛恨事である）。また、後にこの本のなかでふたたび利用されることとなる記事でお世話になった次の方々にもお礼を申し上げる。『ハーパーズマガジン』のゲリー・マーゼラティ、『ワシントン・ポスト』のアウトルック・セクション担当のキャスリーン・カーヒル、『ザ・プログレッシヴ』のマシュー・ロスチャイルド、そしてロンドン各紙の人々——『インデペンデント』のエードリアン・ハミルトン、『オブザーヴァー』のマイク・ホランド、また『ガーディアン』と『イヴニング・スタンダード』の記者たち。——さらに『ル・モンド』のミシェル・カジュマン、ドイツの『フランクフルト・アルゲマイネ・ツァイトゥング』および、オランダの『デ・グルーネ』と『フォルクスクラント』の友人たち。

わたしはまた、わたしのエージェント、ジン・オーとラケル・デ・ラ・コンチャの協力に感謝したい。信頼するアシスタント、ジェニファー・プレイザーのきわめて貴重な援助にもお礼を言いたい。彼女は長時間かけてウェブから多くの情報を蒐集し、要点を書き抜いてくれた。また、わたしのどの著書についても言えることだが、この本が完全なものになり得たとすれば、それは、わたしの最初の読者であるアンヘリカ、そしてロドリゴ、ホアキン、メリッサ、イサベラの助言によるところが大きい。

しかし、もし読者が、この本のような書物がどのようにして生まれるかを知りたいのなら、わたしは別のある人物のことを語らなければならない。

やはりピノチェト将軍の物語にふたたび取り組むべきだ、悪魔祓いしようとしていた恐怖にふたたび目を凝らすべきだ。そう決意したとき、わたしはほとんど即座に——たぶん決意してから五分後に——腰を下ろし、チリ在住のある友人に宛てて一通のEメールを書いた。ご存じの通り、

Eメールには、「宛先」の下に「件名」の欄がある。そう、わたしはそこに「助けてくれ、ケノ」と書いたのだ。

ケノとはエウヘニオ・アウマダのこと。両親を除けば、この世でたぶんわたしの一番古い友人だ。――彼とわたしを結んでいるきずなについて、これ以上は語るまい。むしろ、真理への探求に彼を結び付けているきずなについて語ろう。軍事独裁の期間を通して、ケノは、チリの主要な人権擁護団体のアーカイヴィスト〔記録保存係〕の一人だった。最初は教派を超えた組織、コミテ・プロ・パス〔平和のための委員会〕に属していたが、これがピノチェトによって閉鎖されると、ビカリア・デ・ラ・ソリダリダ〔連帯の司祭館〕に所属した。チリのカトリック教会が設立した、将軍の悪政が生んだ犠牲者たちの援護にあたる組織である。ビカリアのアーカイヴス〔記録保存所〕の物語を語るのは別人に任せよう。――ともあれ、不正義と戦う組織にとって欠くべからざるものは、記憶する能力である。ファイルと文書の充満した部屋は、記憶を確保するための闘争のセンターである。そこにおいて、あらゆる告発が記録されカタログ化された。チリの秘密の歴史が蒐集され再蒐集された。苦痛と、そう、希望も書きとめられた。そこのデスクで、ケノは、同じアーカイヴィスト仲間のホセ・マヌエル・パラダがチリ秘密警察によって拉致された、息子を学校に送り届けた直後に街頭で暴力的に連れ去られた、という知らせを聞いた。そして二日後、やはりそこで、ケノは、ホセ・マヌエルがサンティアゴ郊外の排水溝で見つかった、ホセ・マヌエルが喉を搔き切られてその排水溝で死んでいたことを、知ったのだ。それらのアーカイヴスがなければ、ピノチェトに対するいかなる訴訟も生まれなかっただろう。身内の人々による詳細な告発も、真理と和解委員会も、その報告書も、外国の弁護士たちが引用すべき材料も、チリの出来事を伝える新聞記者たちの記事も、裁判も、そしてもちろん本書のような書物も、存在しなかっただろう。ケノは、長い年月のあいだ毎日毎日、すべての恐怖、すべての抵抗が消えることなく記憶されることを目指して努力した多くの無名の英雄の一人でしかなかった。彼がそれをなし得たのは、また人権団体の彼の仲間たちがそれをなし得たのは、数百人の、究極的には数千人におよぶ、ほかの人々の貢献があったからである。だから、彼に感謝の意をあらわすとき、わたしは同時に、日々の記憶を保持する仕事、ラ・メモリア・オルビダダ〔忘れられた記憶〕を回復するという到底不可能なほどの仕事に頑強に取り組んだ、わが国の無名・匿名の市民たち、外国の非常に多くの人々に、感謝している。本書を生んだのは、これらの人々である。

そうそう、ケノに助けを求めたわたしのEメールの数分後に、返信が届いた。ふだん、ケノのメールの文面は、ジョークと言葉遊びにあふれ、若いころ二人でやった脱線行為や、彼の子どもたちのポンペイ遺跡での多くの驚くべき所業や、ミュージカル（『キス・ミー・ケイト』などの）やポップ・ソング（彼は専門家だ）や映画（彼はウェブで映画批評を書いている）等々についての、曖昧複雑な記述が続くのが特徴である。が、今回、彼がただこう書いてきた。「何がお望みだい、兄弟？」

助けてくれ、ケノ。いつものように。——そして、きみは助けてくれた。いつものように。そして、きみが助けてくれたのは、わたしだけではない。

グラシアス、エルマーノ〔ありがとう、兄弟〕。

訳注・関連年表

★1フレディ・タベルナ　ドルフマンの学生時代からの友人。死亡時はチリ北部イキケ方面の社会党幹部で、国営計画の責任者。彼の最後の足跡をたどる旅の様子は、ドルフマンの著書『世界で最も乾いた土地』に描かれている。

★2クラウディオ・ヒメノ　ドルフマンの学生時代からの友人。社会学者で社会党活動家。ドルフマンと同様、アジェンデ政権官房長官の顧問。一九七三年九月、緊迫した情勢の中でヒメノもドルフマンも夜間モネダ宮殿に詰めて警戒に当たる任務についていた。ヒメノは九−十日、ドルフマンは十−十一日という担当だったのを、ドルフマンの都合で入れ替わった。この偶然がなければ、ヒメノの運命がドルフマンの運命となるはずだった。

★3チリに帰れるようになった　一九七三年クーデター以後の亡命者（国外追放者を含む）について、軍事政権は、一九八〇年に至っても、絶対帰国させないと言明していた。国外追放は、投獄や死刑よりは人道的に見えたし、反体制派の不在は、軍政による支配を確実にするのに好都合だった。しかし、一九七八年結成された「亡命者帰国委員会」の運動や、国際社会からの批判の高まりに押されて、一九八二−八三年初めて一部亡命者の帰国を認めた。ドルフマンはその中の一人として八三年九月一時帰国した。この際、彼は逮捕の不安に脅えながらもチリの実状を伝え軍政を弾劾する文章を『ニューヨーク・タイムズ』に送稿した。その後も反軍政の意見を発表し続けたことから、身柄を拘束されてアメリカに送り返され、帰国を禁止されるなどのこともあった。亡命者の帰国が大幅に緩和されるのは一九八八年国民投票直前のことである。

★4イグナシオ・アグエロ　映画「一〇〇人の子供たちが汽車を待っている」の監督でもある。この作品はサンティアゴの貧困地区の子供たちの映画教室の様子を描いて世界的に高い評価を得た。一九八八年に製作され、当時チリでは上映禁止になった。彼はまた一九八八年国民投票の際、反軍政キャンペーンのためのテレビ番組制作の中心スタッフの一人であった。

★5恩赦法　一九七八年四月ピノチェト政権が公布。「国民的和解」「人道的精神」のしるしとして、一九七三年九月十一日（クーデター発生当日）から一九七八年三月十日までに犯された犯罪に恩赦をあたえるというもの。制定当時、武装強盗、未成年者誘拐、詐欺などの一般犯罪者が釈放されたほか、反ピノチェト派の政治囚についても、すでに国外追放処分に減刑されていた六十九人が釈放されるなどのことはあった。しかし、その基本目的は、軍政初期四年半の、弾圧が最も苛烈であった時期の政権側の犯罪を免責することにあり、軍政期間中はもちろん、民政移管後も人権侵害行為訴追への大きな障碍となり続けた。

★6国民投票　一九八〇年七月ピノチェト政権は軍事独裁を制度化することを目的とした新憲法草案を発表した。これは同年九月、棄権したものは懲役または罰金刑という条件下の国民投票で承認され、翌年三月制定された。新憲法は、その付則で、民政移管は一九八九年まで行なわず、それ以後の新大統領は一九八八年軍事評議会が指名する候補を国民の信任投票によって決定することを規定していた。一九八三年ごろからの民主化運動の高まりの中で、反軍政勢力は、この信任投票によってピノチェト政権の退場を実現させるべく運動を進めた。一九八八年八月、軍事評議会は次期大統領候補として現職大統領ピノチェトを指名。この投票で信任されればピノチェトは八九年三月次期大統領に就任し、九七年まで在任することになる。このことに「賛成（シー）」か「反対（ノー）」かをめぐって、熾烈なたたかいが繰り広げられた。当初、軍政側憲法の枠内でのものだとしてこの投票に否定的だった共産党など左翼諸党も、その後積極的参加に方針転換しており、一部保守層から左翼までの広範な勢力が、「ピノチェト・ノー」の一点で団結した。十月五日、約三十カ国からの国際監視団が見守るなかで投開票が行なわれ、国民の五五パーセントがピノチェトに不信任を突きつける結果となった（ピノチェト信任は四三パーセント）。即時辞任を求める声もあったがピノチェトは拒否。不信任になった場合の憲法の規定通り、一九九〇年三月まで大統領の座を占めた。その間、一九八九年十二月、十九年ぶりの自由な大統領選挙が行なわれて反軍政統一候補のエイルウィンが当選した。

★7二つの小さな反乱　一九九〇年十二月十九日、総司令官ピノチェトの辞任を求めようとした政府に対し、陸軍は主要な兵営に部隊を集結させて出動の構えを見せた。一九九三年五月二十八日には、大統領の外遊中、完全武装のブラックベレー部隊を大統領宮殿前の広場に展開するなどして政府を威嚇した。

★8正義からの逃亡者　原語は「a fugitive from justice」。英米の法律用語では犯行を犯した場所の属する裁判管轄区域から逃れた犯罪者（逃亡犯）のことをいう。ここでは字義通りに訳した。

★9法官貴族　原語は「law lord」。「法律貴族」「法官議員」などとも訳される。最高司法機関としてのイギリス上院（House of Lords＝貴族院）で、裁判に関与する法律家議員。貴族でなかった者には一代貴族（バロン）の称号があたえられ、一般の上院の議事にも参加できる。Lord of Appeal in Ordinary（常任上訴貴族）ともいわれる。かつては法律家でない貴族も裁判に当たることができたが、それを排除して、一八七六年、法官貴族の制度が設けられた。

★10オルランド・レテリエルとそのアメリカ人助手ロニー・モフィットの殺害　オルランド・レテリエルは一九七六年九月二十一日の朝、ワシントンで、車に仕掛けられた爆弾により暗殺された。同乗していたロニー・モフィットも死亡した。レテリエルは当時、ワシントンにあるリベラル派シンクタンク、政策研究所（ＩＰＳ）に所属して活動し、反ピノチェト運動のアメリカにおける中心的存在になっていた。ロニーはＩＰＳ所員で二十五歳、結婚四ヵ月目。やはり同乗していた彼女の夫は負傷したものの命は取り留めた。二人の死者を記念して、ＩＰＳは一九七八年「レテリエル・モフィット人権賞」を設け、毎年、人権運動に貢献した個人・団体に与えている。チリ関係で受賞したのは、「行方不明者家族会」（一九七九年）、救援組織ビカリア・デ・ラ・ソリダリダ（一九八六年）、ピノチェト逮捕の原動力となったジョアン・ガルセス（一九九九年）、チリ国内でピノチェト訴追の先頭に立ったファン・グスマン判事（二〇〇五年）である。

★11「イングリッシュ・ペイシェント」　一九九六年に公開され、作品賞を含むアカデミー賞九部門を獲得したアメリカ映画の題名。

★12『死と乙女』　一九九一年三月サンティアゴで初演。同年ロンドン・ロイヤルコート劇場での上演でオリヴィエ賞（最優秀戯曲賞）。翌年三月ブロードウェイでの上演で主役を務めたグレン・クローズがトニー賞（最優秀女優賞）。九八年日本の上演で湯浅芳子賞（団体賞）。百カ国以上で上演されている。一九九四年アメリカで映画化（ロマン・ポランスキー監督、シガニー・ウィーヴァー主演）。

★13エディンバラ・フリンジ　イギリスのエディンバラで毎年夏に開かれる国際芸術祭（エディンバラ・フェステイバル）で、公式プログラム以外の小規模で多彩な催し物。

★14陸軍大将　原語は「capitán general」。ピノチェトがクーデター後に自分に授けたチリ陸軍最高の階級。植民地時代にはスペイン本国から派遣された行政官の名称であった。チリ共和国の全歴史でこの地位を得たのはピノチェトを含め四人。ピノチェト以外はベルナルド・オヒギンスなど十九世紀初めの独立戦争時代の人物である。

★15エイブラハム・リンカーン旅団　スペイン内戦時、スペイン共和国政府の側で戦った国際旅団の総数はほぼ四万名であり、そのうちアメリカ人は三千名だったといわれる。アメリカ人義勇兵の人種、階層はさまざまだったが、三分の一近くがユダヤ系であり、他国に比べて学生・教師の比率が高かった。半数以上を共産党員、共産主義青年同盟員が占めたが、社会党員やアナキストも多く、民主党員や無党派もいた。ほぼ九百名が戦死し、生存者もその多くが負傷した。帰国後、とくにマッカーシー時代には潜在的破壊分子として差別されるなどした。

★16「わが心のスペイン」　原文は「España en el corazón」。チリの詩人パブロ・ネルーダの詩集の題名。ネルーダは外交官としてマドリードに在勤中スペイン内戦に際会し、共和国支援・ファシスト陣営糾弾の詩を次々と発表。一九三七年に詩集にまとめてチリで出版した。翌年にはスペインでも出版され共和国側兵士の間で愛読された。

★17灰色の領域　イタリアの作家プリーモ・レーヴィの『溺れるものと救われるもの』（一九八六年）に出てくる言葉。レーヴィはみずからのアウシュヴィッツ体験を振り返りつつ、人間社会は善と悪の二分法で割り切れるものではなく、権力への妥協から生まれる、善でもなければ悪でもない、輪郭の不分明な、灰色の領域が存在すると述べている。

★18エル・カウディージョ　フランコのこと。カウディージョは本来スペイン中世の軍事指導者を指した言葉。スペイン内戦初期、フランコが反乱軍陣営内で完全に権力を掌握して以後、ファシズムの先輩たちの例に倣い、ムッソリーニを指すドゥーチェ、ヒトラーを指すフューラーに見合う呼称として使われるようになった。

★19コンセルタシオン　キリスト教民主党と社会党を中心とする中道左派諸政党の連合。一九八八年の国民投票をめぐる闘争の中で結成された。民政移管以来、政権を確保している。大統領選挙におけるコンセルタシオン候補の得票率は次の通り。一九八九年、パトリシオ・エイルウィン（キリスト教民主党）五五・一九％。一九九三年、エドゥアルド・フレイ・ルイス・タグレ（キリスト教民主党）、五七・九八％。一九九九／二〇〇〇年、リカルド・ラゴス（社会党）五一・三一％。二〇〇五／二〇〇六年、ミシェル・バチェレ（社会党）五三・五〇％。ラゴスとバチェレは第一回投票で過半数が得られず、決選投票で勝利を得た。なお、社会党とともにアジェンデ政権を支えた共産党は、その後影響力が減退。一九八九年にはエイルウィンに投票、一九九三年には左翼諸党派との統一候補を立てた（得票率四・七％）。一九九九／二〇〇〇年には、第一回投票に自党候補を立てた（同三・二％）が、決選投票ではラゴスに投票。二〇〇五／二〇〇六年には、第一回投票に左翼諸党派統一候補を立て（同五・四％）、決選投票ではバチェレに投票した。

★20キャンドルライト・ヴィジル　火をともした蝋燭を手にしてたたずむ静かなデモンストレーション。

★21「キマントゥ」　アジェンデ政権の設立した国立出版社。文学、哲学、歴史、芸術など多分野にわたる廉価な書物を大量に出版した。ドルフマンはある著作の中で、「キマントゥ」の本は「ニューススタンドで売られ、数百万のチリ人にむさぼり読まれた。二年半の間にチリ独立以来の百六十年間よりも多くの書物が発行され普及された」と述べている。

★22わずかに砒素を含んだ水　チュキカマタ銅山に近いこのあたりの水は砒素を含んでいるといわれる。

★23「ペーニャ・デ・ロス・パラ」「グラシアス・ア・ラ・ビダ」（人生よ、ありがとう）で知られる歌手ビオレタ・パラの娘イサベルが弟アンヘルとともに一九六〇年代に開いたペーニャ（ライブハウス）。クーデターで殺されたビクトル・ハラの活動拠点でもあった。軍事政権によって閉鎖され破壊されたが、民政復帰後、政府の援助も得て「カルメン340文化センター」として再生した。

★24「五月広場の母親たち」 一九七〇年代のアルゼンチン軍事政権によって拉致され行方不明とされた人々の母親たちの会。毎週木曜日の午後、ブエノスアイレス中央部、大統領府前の五月広場に集まって抗議行動を行なう。この運動は、軍政下の一九七七年四月に始められ、逮捕・投獄などの弾圧を受けながらも途切れることなく続けられてきた。

★25フェリペ・アグエロの物語 一九八八年のある日、当時アメリカ・デューク大学の講師だったフェリペ・アグエロは、サンティアゴでの学術会議で、かつて自分の拷問に立ち会っていた男に遭遇した。男はエミリオ・メネセスといい政治学者になっていた。アグエロはいまだ恐怖から抜け出せぬまま沈黙を続けていたが、二〇〇一年になってこのことをチリ・カトリック大学学長に私信で伝えた。メネセスはこの大学の有名教授になっていた。彼の罷免を求めたわけではない、ただこの事実を彼の同僚たちに知ってほしかったのだとアグエロはいう。この問題はやがて公になり、メネセス辞任を求める署名運動が起こるなど大きな波紋を呼んだ。メネセスはクーデター直後国立スタジアムで尋問官をしていたことは認めたものの、拷問については否定し、アグエロを名誉毀損のかどで訴えた。訴えは、二〇〇三年棄却された。

★26ニカラグア主要港湾への機雷敷設 ニカラグアでは一九七九年にサンディニスタ民族解放戦線政府が成立したが、これに対して、アメリカはさまざまな手段で転覆を図った。反政府武装勢力コントラを全面支援したほか、一九八四年初めにはCIAがアメリカ議会にも報告しないままニカラグア主要港湾に機雷を敷設、日本船を含む外国船舶に被害が出た。一九八六年六月、国際司法裁判所は、機雷敷設、コントラ支援を含むアメリカの行為は、国連憲章を含む国際法に違反するとの判決を下している。

★27サブラとシャティーラの大虐殺 一九八二年九月、イスラエル軍占領下にあったレバノンの首都ベイルートのパレスチナ難民キャンプ（サブラとシャティーラ）で、レバノンのキリスト教民兵が多数の難民を殺害した。死者の数は数百人から千人以上におよぶと推定されている。イスラエル軍はこの行動を傍観ないし支援したといわれ、国防相アリエル・シャロンは民間人保護の義務を怠ったとして一九八三年辞任を余儀なくされた。シャロンはその後一九九九年リクード党首となり、二〇〇一年リクードの選挙勝利によってイスラエルの首相に就任した。

★28ツィルという名の架空の国　ドルフマンの小説『マヌエル・センデロの最後の歌』に描かれている。
★29ピノチェタソ　原語は「Pinochetazo」。-azo は打撃、衝撃などの意を表わすスペイン語の接尾辞。botellazo は botella（瓶）による殴打、cañonazo は cañon（大砲）の砲撃を意味する。一九九八年十月のロンドンでのピノチェト逮捕事件もチリでは Londonazo と呼ばれている。
★30キッシンジャーのかつての悪名高き発言　アジェンデ当選の可能性のあるチリ大統領選挙が近づいていた一九七〇年六月、ニクソン政権の国家安全保障問題担当補佐官ヘンリー・キッシンジャーは、政策立案者たちの会議の席上、「一つの国がその国民の無責任さのせいで共産化するのを、なぜ座視しなければならないのか、わたしにはわからない」と述べた。

1997年11月19日	最高裁判所、恩赦法の適用を破棄する初の判断
1998年3月10日	ピノチェト、陸軍総司令官を退官（翌日、終身上院議員に就任）
10月16日	ピノチェト、イギリスで逮捕される
10月28日	イギリス高等法院、逮捕違法の決定
1998年11月25日	イギリス上院、逮捕有効の決定
12月11日	ピノチェト、ロンドンの裁判所に初めて出廷
12月17日	イギリス上院、逮捕有効の決定取り消し、再審理を決定
1999年3月24日	イギリス上院、ふたたび逮捕有効の決定
8月26日	チリ控訴裁判所、「死のキャラバン事件」に関するグスマン判事の起訴を受理
10月8日	ロンドン治安判事裁判所、スペインへのピノチェトの身柄引渡し認める判断を下す
10月14日	チリ外相、イギリス政府にピノチェトの健康診断を要請
2000年1月16日	中道左派連合候補リカルド・ラゴス（社会党）、決選投票で大統領に当選（3月11日就任）
3月2日	イギリス内相、ピノチェトを釈放（ピノチェトは翌日帰国）
6月6日	控訴裁判所、ピノチェトの免責特権剥奪を公表
8月8日	最高裁判所、ピノチェトの免責特権剥奪
12月1日	グスマン判事、ピノチェトを起訴、自宅軟禁に
12月11日	控訴裁判所、起訴の無効と軟禁の解除を命じる
2001年1月10日	グスマン判事、ピノチェトを医学検査にかける（～13日）。
1月23日	グスマン判事、ピノチェトを尋問
1月29日	グスマン判事、医学検査および尋問の後あらためてピノチェトを起訴し自宅軟禁とする
7月9日	控訴裁判所、ピノチェト裁判を一時的に停止
2002年 7月1日	最高裁判所、健康上の理由でピノチェト裁判を中断する

関連年表（1970年～2002年）

1970年11月3日	アジェンデ、大統領に就任
1973年9月11日	アジェンデ打倒クーデター（翌日、ピノチェト、軍事評議会議長となる）
1973年10月4日	「死のキャラバン」による処刑開始（～19日）
1974年2月24日	マヌエル・コントラレス、特別秘密警察DINAの長官に任命される（DINAの実質的活動開始）
3月15日	ホセ・トア、サンティアゴの国軍病院で死亡
9月30日	カルロス・プラッツとその妻、ブエノスアイレスで爆殺される
12月16日	ピノチェト、大統領に就任
1975年11月23日	ピノチェト、スペインのフランコ総統の葬儀に参列（その際、イタリアのネオファシストらと接触）
11月26日	国際諜報テロ組織「コンドル作戦」結成会議、サンティアゴで開催される
12月9日	国連総会で人権問題に関するチリ非難決議
1976年9月21日	オルランド・レテリエル、ワシントンで爆殺される
1978年4月19日	恩赦法公布
1980年9月11日	新憲法、国民投票で承認される（翌年3月11日公布）
1983年5月11日	第一回の反軍政国民総抗議デー
1988年10月5日	ピノチェト、国民投票によって不信任される
1989年12月14日	19年ぶりの大統領選挙。中道左派連合候補エイルウィン（キリスト教民主党）が当選
1990年3月11日	エイルウィン、大統領に就任（民政移管）。ピノチェトは陸軍総司令官に留まる
1990年8月24日	最高裁判所、全員一致で1978年恩赦法の合憲性を認める
1991年3月4日	軍政下の人権侵犯に関する「真実と和解委員会」の調査報告書発表される
1993年12月11日	中道左派連合候補エドゥアルド・フレイ（キリスト教民主党）、大統領に当選（94年3月就任）

Raquel Correa and Elizabeth Subercaseaux. *Ego Sum Pinochet* (Santiago de Chile: Zig-Zag, 1989).
著者たちはチリ人ジャーナリスト。ピノチェトにインタビューして、注目すべき、また、あけすけな発言を引き出している。

Informe Rettig. *Informe de la Comisión de Verdad y Reconciliatión, 1991.*
チリの歴史の中で最も重要な人権ドキュメント。全二冊、約九百ページの『チリ・真実と和解委員会報告書』である。

Rafael Otano. *Crónica de la Transición* (Santiago de Chile: Planeta, 1995).
民主主義へのチリの移行について詳述した最良の記録。

Mónica González. *La Conjura* (Santiago de Chile: Ediciones B, 2000).
アジェンデ打倒の実相、また軍事クーデターにおけるピノチェトの真の役割について知りたい人には不可欠の書である。

参考文献

Geoffrey Robertson. *Crimes Against Humanity: The Struggle for Global Justice* (New York: The New Press, 2001).
傑出した人権弁護士による国際人権問題の概説書。今回の執筆に際しては不可欠な資料となった。

William F. Schulz. *In Our Own Best Interest: How Defending Human Rights Benefits Us All* (Boston: Beakon Press, 2001).
今日の人権擁護の闘いについての知識を深めたい人々に推薦する。著者はアムネスティ・インターナショナルのアメリカ支部代表。

Hugh O'Shaughnessy. *Pinochet: The Politics of Torture* (New York: New York University Press, 2000).
ピノチェトの生涯と時代についての第一級の入門書。

Patricia Verdugo. *Chile, Pinochet, and the Caravan of Death* (Miami, Florida: North-South Center Press, 2001).
「死のキャラバン」事件についての決定的記録。古典ともいえる *Los Zarpazos del Puma*（『ピューマの襲撃』）の待望久しい英訳である。

Pamela Constable and Arturo Valenzuela. *A Nation of Enemies, Chile Under Pinochet* (New York: Norton, 1991).
チリの民政復帰直後に出版された。ピノチェト体制に関する公平な記録である。

Joseph Collins and John Lear. *Chile's Free-Market Miracle: A Second Look* (Oakland: A Food First Book, 1995).
ピノチェトの経済政策を検討したもの。——本書ではほとんど論究する余裕のなかったテーマである。

●スペイン語を解する読者のために。

Julio Scherer García. *Pinochet: Vivir Matando* (Mexico: Aguilar, 2000)
ラテンアメリカ屈指の名ジャーナリストの著書。ピノチェトとその犠牲者、ピノチェト支配に抵抗した人々についてのさまざまな驚くべき物語が紹介されている。

訳者あとがき

二〇〇一年九月十一日の同時多発テロ事件の数週間後、本書の著者アリエル・ドルフマンは、「テロは世界を変えたか」と題するインタビューの中で日本人記者の質問に答えて次のように述べている。

「チリのアジェンデ政権に対するクーデターが起きたのが二十八年前の同じ日、同じ火曜日だった。軍事政権によって愛する人を失い、行方知れずにされ、数十万人が拷問されたことを知るものは忘れない。しかしあの日は世界を変えはしなかった」「ニューヨークで、行方不明になったままの家族の写真を胸に掲げて歩く人々がいた。チリで、軍事政権に連れ去られたままの家族の写真を掲げて歩く女性たちと同じ光景だった。米国ではそんなことが起こるはずがなかった。いま米国の悲しみに世界は同情し、共感している。だからこそ、他にも数多くの九月十一日が存在していること、世界には他にも多くの悲劇があることをわかってほしいのだ」(二〇〇一年十一月二十八日『朝日新聞』)。

*

「二十八年前の同じ日、同じ火曜日」に起きたピノチェトの軍事クーデターは、その残酷さ凶暴さにおいてラテンアメリカでも未曾有のものだった。アジェンデ派に対する弾圧は「ポリティサイド」(政治的ジェノサイド)と呼ばれるほどに苛烈をきわめた。チリの民主主義的諸制度は完全に破壊された。クーデター発生時ドルフマンは三十一歳、作家・評論家でチリ大学の文学の教授、アジェンデ政権の非公式文化顧問であり同政権を支える政党の一つ人民共同行動運動（MAPU）の活動家であった。あの日の朝、彼は本来なら大統領府に詰めているはずだった。襲撃してきたピノチェトの軍隊によって、ほぼ確実に命を奪われるはずだった。が、いくつかの事情によって大統領府から離れた場所でこの朝を迎えたため死をまぬかれ、三ヵ月後国外追放処分となった。以来、彼はピノチェトにとり憑かれて生きてきた。「ピノチェトはわたしにとってのデモンだ」と本書の中でも言っている。実際、彼はクーデターの衝撃と痛嘆による二年間の沈黙のあと執筆を再開し、小説、詩、戯曲、評論を旺盛に創出していくが、それらはすべて、ピノチェトが代表するもの——抑圧、暴力、国家テロリズム——への抵抗のメッセージを明示的もしくは暗示的に伝えるものと言ってよいようである。

*

本書は、ドルフマンが、そのピノチェトの問題、軍事クーデターが生んだ犯罪の問題に、正面から取り組んだノンフィクションである。インタビューの中で、「世界を変えはしなかった」とドルフマンの言っている一九七三年のチリの「悲劇」を、アメリカ同時多発テロを契機に、あらためて世界の人々に知ってもらいわかってもらうための作品であると言えるだろう。

一九九八年十月十八日、ロンドン滞在中のピノチェトが、スペインの判事ガルソンの要請によりジェノサイド罪容疑でスコットランドヤードに逮捕されるという衝撃的事件が起きる。本書は、その日以降の「信じがたく終わりなき裁判」の経緯を年代記風に追いながら、ピノチェト軍政の行なった恐るべき人権侵害行為を告発し、その軍政の恐怖の呪縛からなかなか脱し得ないチリ国民の心理を見つめ、拷問体験者や犠牲者家族の痛苦の思いと向き合い、ピノチェトに悔い改めることを呼びかけ、この裁判が人類の歴史にあたえる意味を考察する。

ピノチェトの犯罪の中でも、ドルフマンは、デサパレシードス——軍政によって逮捕されそのまま行方不明とされてしまった人々——の問題にとりわけ強い関心を寄せる。遺体が戻らず、葬ることもできず、花を捧げるべき墓所もない、そもそも逮捕されたこと処刑されたことすら公式には明らかにされていない、このような状態が犠牲者にとって遺族にとってどれほど残酷で理不尽なことかを憤りをこめて述べている。殺害という非道さは同じにしても、遺体の存在・不在によって悲苦に著しい差異があることを、ドルフマンは、他の諸作品の中でも繰り返し述べている。一九七六年に暗殺されたオルランド・レテリエルについての、「(ピノチェトは) 彼の遺体を持つことはできなかった」「われわれがオルランドの遺体を持っている」というやや謎めいた記述（本書一六七ページ）も、ドルフマンのこのような思想に添って理解されるべきだろう。

民政移管以後も、ピノチェト信奉者とその盟友たちはチリの「大きな少数派」として、軍政下の人権侵害行為追及を妨害し続けた。歴代政府もこれら右派勢力との軋轢を恐れて、追及に否定的ないし消極的であった。このようななかで、被害者、遺族、支援者、自身の職能倫理に忠実なチリ内外の法律家たちは正義の実現を求めて粘り強い運動を続けた。その運動の結果が、ロンドンでのピノチェト逮捕、サンティアゴでのピノチェト訴追、そして犯罪に関与した軍人たちの逮捕、裁判であった。もちろん、妨害はその後も消えたわけではなかった。民衆の中に恐ろしいほどの無関心や敵意も存在した。裁判所の判断もたえず動揺した。かつての最高権力者が被告人としてチリの法廷に立つことが実際にあるのかどうか……。しかし、ピノチェト裁判そのものの帰趨にかかわりなく、被害者たち遺族たちの運動がこれまでに獲得した成果は、よりよい人類社会をつくりだす基礎的な一歩となっている、世界の独裁者たちに警告をあたえ、民主主義を促進しているとドルフマンは言う。

本書に寄せられた書評のいくつかを紹介しておく。

「スリムだが熱情にあふれた本。……著者は哲学的なメスでもって、次のような質問を切開してみせる。いかにしてピノチェトは生まれたのか。いかにして彼は、クーデター前の『卑屈で迎合的な』人物から、彼のことを良き友人だと思っている人々を拷問し殺害することを命じる人物になってしまったのか。……誰もが読める、素晴らしい、簡潔でパワフルな作品だ」(『パブリッシャーズ・ウイークリー』)、「事件の推移と個人的経験をミックスさせて、一国家がまるごと恐怖に捉えられるばかりか、暴力的に分裂されてしまうことを、迫真的に描き出している」(『ロサンゼルス・タイムズ』ティム・フラスカ)、「簡潔な歴史ガイドでもある。……ドルフマンは四十年にわたり自国の政治の観察者、参加者の双方であった人物ならではの権威をもってこれらの出来事を叙述する。……ピノチェトはアメリカの創造物に過ぎないというリベラルな外国の批評家の慰藉的意見を彼は受け入れない。『ピノチェトは鏡である』『われわれは、ピノチェトを生み出した国を裁く気があるのか?』とドルフマンは書く」(『ガーディアン』)、「ドルフマンは、この不確実なグローバルな時代にあって、現代史上の九月十一日は一つだけではなかったこと、そして最悪のテロリストはしばしば礼服と国家権力の合法性を身にまとった人々であることを、思い出させてくれる」(『デューク・マガジン』、マーク・クーパー)。

＊

アリエル・ドルフマンは一九四二年五月六日、アルゼンチンのユダヤ系知識人の家に生まれた。軍事政権の迫害により、一九四五年アメリカに移住。英語だけを話す、本書でも触れられているような「自分をアメリカ人だと思っているヤンキー・ボーイ」となるが、マッカーシー時代の到来とともに一九五四年今度はチリに移住。ふたたびスペイン語に接し、バイリンガルとして成人する。一九六七年チリ国籍を取得。一九六八年、二十六歳の革命的熱情に駆られ英語を帝国主義的なものとして拒絶し、純粋なラテンアメリカ人としてスペイン語だけを使うことを決意するが、五年後、軍事クーデターによってチリを追われ、流亡生活を生き抜くためふたたび英語を使わざるを得なくなる。アルゼンチン、フランス、オランダなどを転々としたあと一九八〇年アメリカに移る。現在はデューク大学教授としてノースカロライナ州ダーラムに定住し、英語とスペイン語の両方で多彩な作品を発表している。長男ロドリゴと戯曲を、次男ホアキンと小説を共同執筆してもいる。本書で言及されている父親は二〇〇三年に他界した。政治的発言も活発で、二〇〇六年には、ジョージ・W・ブッシュ大統領の弾劾を求める「世界は待てない（The World Can't Wait＝WCW）」の声明にカート・ヴォネガット、ダニエル・エルズバーグ、ハワード・ジンらとともに賛同署名に加わった。「世界第一級の作家」（『ワシントン・ポスト』）、「現代最高のラテンアメリカ作家の一人」（『ニューズウイーク』）などと呼ばれている。

ドルフマンの著作のうち邦訳されているものは、『ドナルド・ダックを読む』（共著。一九八四年、晶文社）、『子どものメディアを読む』（一九九二年、晶文社）、『マヌエル・センデロの最後の歌』（一九九三年、現代企画室）、『死と乙女』（一九九四年、劇書房）、『谷間の女たち』（一九九九年、新樹社）、『世界で最も乾いた土地』（二〇〇五年、早川書房）。またエッセーやインタビューの邦訳に、「パブロ・ネルーダの家」（『世界』一九八五年三月号）、「その日を待つ」（同一九九八年八月号）、「九月十一日は米国の独占物ではない」（同二〇〇一年十二月号）、「二つの言語を生きる」（同二〇〇四年九月号）、「マドリードのテロルに立ち向かうネルーダ」（季刊『前夜』創刊号［二〇〇四年十月］）など。日本で上演されている戯曲に、『死と乙女』、『谷間の女たち』、『THE OTHER SIDE／線のむこう側』（新国立劇場の委嘱による書き下ろし）がある。

＊

原書刊行以後のピノチェトに関わる事態の推移を点描しておこう。

・〇二年七月チリ最高裁判所によって「精神的能力の不可逆的悪化」のゆえに裁判を停止させられたピノチェトは、〇三年十一月、マイアミのスペイン語テレビ局のインタビューに応じて、自分は謝罪するようなことは何もしていない、謝罪すべきはマルクス主義者たちであるなどと述べ、質問を理解しそれに的確に答える能力が損なわれていないことを示した。軍政期人権侵害追及の先頭に立つフアン・グスマン判事はこのインタビューのビデオテープを、ピノチェトが裁判に耐え得ることの証拠として提出、〇四年八月二十六日最高裁判所はふたたびピノチェトの免責特権を剥奪した。

・〇四年五月、大統領時代からのピノチェトの不正蓄財が発覚した。以後、アメリカ・リッグズ銀行などチリ内外の秘密口座が次々と判明し、預金総額は数千万ドルから数億ドルに達すると見られた。汚職・公金横領・脱税についての捜査も開始され、ピノチェトの、武断派ながら廉潔の士というイメージは失われた。

・〇四年十一月五日、陸軍総司令官フアン・エミリオ・チェイレは、ピノチェト時代、軍が組織として人権侵害行為に責任があったことを初めて認め、殺害や拷問はいかなる理由によっても正当化されないと述べた。

・〇四年十二月二十六日、『ラ・テルセラ』紙は、「ラゴス大統領は、大統領経験者死去に際して行なわれる国葬は民主的に選出された大統領にのみ適用される（ピノチェトには適用されない）と述べた」と報じた。

・〇五年一月五日、ピノチェトは殺人と誘拐容疑で起訴され、自宅軟禁処分となった。

・ピノチェトの右腕であったマヌエル・コントレラス将軍はオルランド・レテリエル殺害のかどによる七年の刑を終えた後、コンドル作戦に関わる別の犯罪でふたたび訴追され、〇五年一月二十八日、十二年の刑に服した（以前のような特別待遇はなく、一般の刑務所に収監された）。彼は収監前、ピノチェトは自分の政権下で起きた事柄について軍人らしくいさぎよく責任を引き受けるべきだと述べた。

・〇五年十一月二十三日、ピノチェトは脱税、汚職容疑で起訴された。

・〇五年十二月二十八日、ピノチェトは初めて犯罪被疑者として指紋を採取され顔写真（正面・側面）を撮影された。

・〇六年一月二十三日、ピノチェトの妻と子ども四人が脱税、旅券偽造容疑等で起訴された。

・〇六年三月十一日、ピノチェトの弾圧によって父を失い、自身、ビジャ・グリマルディの拷問施設に収容されていた体験をもつ社会党員ミシェル・バチェレが大統領に就任した。チリ初の女性大統領である。

・〇六年四月十三日、「死のキャラバン」事件を主導したセルヒオ・アレジャーノ・スタルク将軍が、ピノチェトの制定した一九七八年恩赦法の適用により無罪判決を受けた。

・〇六年五月二十九日、フアン・グスマン元判事（〇五年三月サンティアゴ控訴裁判所を退官）はアメリカ・オーベリン大学での名誉博士称号授与式の記念講演で、ピノチェト時代の犯罪追及のたたかいは、最高裁判所の判断に揺れが多いこともあって一歩前進二歩後退の状態であると述べた。

・〇六年六月八日、バチェレ大統領はワシントンのオルランド・レテリエルとロニー・モフィットの暗殺現場を訪れてモニュメントに献花し、「より公正でより民主的な国を求めるたたかいの中で斃れたレテリエルの遺志をついで、われわれも、より民主的でより公正で万人にとってより良い国を作るためにたたかい続けなければならない」と述べた。

・〇六年七月上旬、マヌエル・コントラレスは獄中から裁判所に書面を提出し、ピノチェトは一九八〇年代、軍の組織を使ってコカインの製造と欧米諸国への販売を行ない、それによって巨額の富を得ていたと述べた。ピノチェトとその息子の麻薬にまつわる疑惑について、軍政時代の高官が証言したのは初めてのことである。

・〇六年七月十八日、サンティアゴで「サルバドル・アジェンデ連帯美術館」の開館式がバチェレ大統領も出席して行なわれた。新美術館の建物はピノチェト時代の秘密警察本部を改装したもの。ピカソ、ミロ、アレクサンダー・コールダー、ロベルト・マッタ、フランク・ステラ、オノ・ヨーコの作品など二千八百点が収蔵・展示される。その多くは、アジェンデ政権時代、それぞれの制作者から同政権への連帯のしるしとして寄贈され、軍政時代はある地下室に放り込まれていた。入館料無料。誰にも親しまれる美術館を作りたいというアジェンデの夢が、死後三十三年にして実現した。

＊

――一九一五年生まれのアウグスト・ピノチェトはこのような状況の中で晩年の日々を送っている。

本書の訳出、訳注・年表・訳者あとがきの作成にあたって、ドルフマンの既訳・未訳の諸作品と、John Dinges. *The Condor Years: How Pinochet and His Allies Brought Terrorism to Three Continents* (New York: The New Press, 2004)、Roger Burbach. *The Pinochet Affair: State Terrorism and Global Justice* (London: Zed Books, 2003) などの諸文献、また「チリ年表」、「ラテンアメリカから見れば」、「中南米新聞」、「Derechos Humanos en Chile」、「Memoria y Justicia」、「Remember-Chile」、「JURIST-Legal News & Research」、「Guardian Unlimited」、「Gobierno de Chile」、「Wikipedia, la enciclopedia libre」など数多くのウェブサイトを参考にしました。それぞれの著者、訳者、作成者の方に感謝いたします。

英語、スペイン語のニュアンスについてご教示いただいた方、精神医学に関わる記述を閲読・修正してくださった方、法律用語についてご検討いただいた方、そして、決断力と指導力によってこの訳書をスピーディーに誕生させてくださった現代企画室編集長太田昌国さんに、厚くお礼を申し上げます。

宮下嶺夫

二〇〇六年八月

【訳者紹介】

宮下嶺夫（みやした　みねお）　1934年京都市生まれ。慶大文学部心理学科卒。訳書に、N・フエンテス『ヘミングウェイ / キューバの日々』、H・ファースト『市民トム・ペイン』（以上、晶文社）、G・ジャクソン『図説・スペイン内戦』（彩流社）、R・マックネス『オラドゥール / 大虐殺の謎』、W・ロード『真珠湾攻撃』、J・F・バーディン『殺意のシナリオ』（以上、小学館）、J・G・ナイハルト『ブラック・エルクは語る』、S・ムーニー『黄昏の猫たち』（以上、めるくまーる）、L・ホール『もし冬が来たら』、J・T・ライル『エルフたちの午後』（以上、評論社）など。

ピノチェト将軍の信じがたく終わりなき裁判

発行……二〇〇六年九月一一日　初版第一刷一五〇〇部
定価……二四〇〇円＋税
著者……アリエル・ドルフマン
訳者……宮下嶺夫
装丁……本永惠子
発行者……北川フラム
発行所……現代企画室
住所……150-0031 東京都渋谷区桜丘町一五―八―二〇四
電話―〇三―三四六一―五〇八二
ファクス―〇三―三四六一―五〇八三
E-mail : gendai@jca.apc.org
http://www.jca.apc.org/gendai/
郵便振替―〇〇一二〇―一―一一六〇一七
印刷所……中央精版印刷株式会社

ISBN4-7738-0608-7 C0031 Y2400E